U0136275

謹以此書獻給

為國家文物古跡保護事業做出卓越貢獻的
專業工作者及業餘愛好者！

關於作者

党明放

鄭板橋資深研究專家。兼治唐代宮廷史及陵寢史。1958年生，陝西蒲城人。曾就讀於北京廣播學院新聞系。初從政，後棄政從文，師從著名學者丁家桐先生。歷任中國人民大學出版社朗朗書房出版公司編輯、編審，世界漢學研究中心研究員兼資料部主任。現任揚州大學揚州八怪研究所研究員，揚州大學美術學院兼職教授及碩士生導師，中國唐史學會、中國藝術攝影學會及陝西省作家協會會員，臺灣蘭臺出版社駐北京總編輯，臺灣版《中國學術研究叢書》總編纂，中國書籍出版社特約編輯，江蘇興化市鄭板橋紀念館名譽館長等。著有《鄭板橋》、《鄭板橋年譜》、《鄭板橋對聯賞析》、《鄭板橋書畫印章知見錄》、《聆聽唐朝》、《陵寢文化》、《中國古代陵寢文化》、《唐陵石刻遺存圖集》《中國古代陵墓研究》、《唐玄宗傳》、《唐朝公主及其婚姻考論》（合著）及《鄭板橋研究》等，編有《鄭板橋全集》、《鄭板橋印冊》、《鄭板橋楹聯墨跡集》、《揚州八怪楹聯墨跡集》、《中國人最應該知道的文化典故》、《溫故知新：例說中國文化往事》等，其中《鄭板橋》，2018年獲江蘇省政府獎及日文版權貿易獎，《陵寢文化》，2020年獲第九屆陶風圖書獎。

關於本書

唐陵氣勢恢宏，石刻技藝精湛，堪稱一座唐代露天石刻藝術博物館。

唐陵坐北向南，仿唐長安城格局設計。唐陵神道石刻組合自高宗乾陵遂為定製。自南而北依次為：石柱、翼馬、駝鳥、仗馬及馭手、石人、石獅等，這些石象生除了象徵死者生前的儀衛外，又有守陵護墓的意義。所表達的主題是揚威與懷遠，彰顯大唐帝國皇權至上及天下歸心之願望。

「關中勝跡，唐陵為最。」千百年來，唐陵石刻矗立曠野，披風沐雨，盡現斑駁，盡遭毀蝕。其中不少精品被奉為中國古代雕塑藝術的典範，更是華夏罕見之國寶。

本書作者十五年間孤身探訪唐代諸陵及祖陵，以攝影師的視覺在尋找、在等待、在記錄。其慧心善舉，既是對大唐帝陵雕塑藝術史的巡禮，更是對大唐帝國興衰史的解讀。為社會為人類留下了唐陵石刻的神韻和永恒，也圓了人們「一日看盡十八陵」之夢。

本書以帝陵先後為序，獨立成章。文字部分包括墓主的生平簡介、陵寢位置、陵山建製、石刻組合及遺存狀況；石刻部分包括標誌性、珍禽類、瑞獸類、仁獸類、儀衛類及紀念性六類，對所涉石象生均有詳盡的文字考證。並標明石刻所在陵區的具體位置。

本書融資料性、學術性、知識性、藝術性於一爐，是一份珍貴的民族文化遺產，具有很高的藝術價值、欣賞價值及收藏價值。

党明放 著

唐陵石刻遺存圖集

王景剛題

蘭臺出版社

唐陵石刻遺存圖集

目錄

正編　唐代帝陵石刻遺存

Stone Statues of Tang Imperial Mausoleums

Contents

Part one

Other Stone-carved Statues of Tang Imperial Mausoleums

Postscript   250

沈睿文序

　　昔寅恪先生言：「一時代之學術，必有其新材料與新問題。」並有研治學術「預流」之謂。此為後輩學者指明古今學術史之通義。然近日學者對此或有誤解者。觀先生之言，其要在乎新材料與新問題。參先生治學之道，則此中最窾妙者又在新問題一節。若能發覆問題，則材料皆為「新」；否則便盡為「舊」。亦即新出土的材料未必便為新材料。所謂材料之新舊，無關乎其發現之早晚，而在研治者能否於其中發現尚未言及之問題。先生治學所用之材料，便是習見者，並不喜用所謂新材料。此斷非先生不知新出土之材料，而是先生示吾輩以研究之關鍵，純在乎研治者之才、學、識。由此視之，對已有材料的整理、重新發掘，其意義並不亞於新出土之材料。某種意義上，對於研治者而言，前者甚而更為重要。此恐是寅恪先生治學範式意義之所在。

　　有唐一代帝陵制度承前啟後，在我國帝王陵寢史上地位固然重要，更波及突厥等民族之陵寢制度。石刻制度是帝陵制度的重要組成部分，然囿於資料刊佈之局限，尚未見有專門之研究。斯為一大憾事。唐陵歷經滄桑，石刻矗立荒嶺，至今猶有盜劫之事。華夏文化遭此重創，痛何如斯！所幸唐陵圖錄已出版多種，得以保存窺伺石刻早年之面貌。惟其圖片多零散復無系統，加之精度不高，讀者難以據此綜理出一清晰之脈絡。党明放先生往歲嘗考訂板橋年譜，用功甚深，其書精博，為學林所重。今先生屬意唐陵石刻，翻山越嶺不辭辛勞，六至陵區，以一己之研究視角系統拍攝，並分類整理，詳加考辨，遂成此書。更可貴者，此書所關註者不獨所謂「關中唐十八陵」，惠陵、順陵以及初唐追封之永康陵、興寧陵亦在其列。唐陵石刻因先生之視角得以系統呈現，他日學者或亦得以據此有所發覆，則先生著述之功不可沒。故先生之觀點或有可商之處，然亦不能損其意義於絲毫。惟望他日復有河南緱氏恭陵及河北隆堯建初、啟運二陵石刻，則美之美矣。

　　先生乃純善之人。去歲，先生復至昭陵補拍效果不佳之圖片，適逢我在昭

陵整理臨川公主墓資料，得以親歷先生之風。風塵僕僕，卻渾然不知其苦，樂在其中，且意氣風發。今年肅宗建陵東門石獅被盜，其原貌雖幸賴先生著述得以存世，然先生之痛天地可鑒，此為吾儕所不及也。

　　昭陵相聚如昨，今受命為先生序。我雖曾關註唐陵，但於石刻一事卻無所成。先生此書之刊佈，恐將一改唐陵石刻研究之現狀，或有使之成為發覆新問題之新材料者，豈僅供欣賞、收藏哉？

二○一○年十二月十日於北京大學考古文博學院

沈睿文，唐陵研究專家、北京大學考古文博學院教授、博士生導師。

陳雪華序

　　秦嶺北麓的關中平原，西起寶雞，東至潼關，南北夾於秦嶺山地和北山山脈之間，是中國古代文明發祥地之一。自西而東的渭河，流貫條形的關中平原，亦稱渭河平原。古屬秦國，長約七八百里，又稱八百里秦川。長安（即今陝西西安）位於關中平原中部的渭河南岸。渭河、涇河、灃河、澇河、潏河、滈河、滻河、灞河，從秦嶺北麓蜿蜒而來，形成「八水繞長安」的繁華景象。

　　「秦中自古帝王都，陝西文物甲天下。」在漫長的農耕時代，長安成為歷代皇家建都立業之地。西周、秦、西漢、新莽、東漢、西晉、前趙、前秦、後秦、西魏、北周、隋、唐十三個王朝八十餘帝在此建都。大多駕崩後長眠此地，被稱為「東方帝王谷」。

　　自秦漢以來，渭水北岸的黃土臺塬地帶，歷來為皇家建造寢宮的風水寶地。如今咸陽古塬上那些奢華的皇家陵園建築群早已化作歷史的塵埃，唯有陵冢上遺存的石像任由歲月的剝蝕，孤寂的佇立於荒野之中，靜默的守候著墓主人。金人趙秉文《咸陽五陵原》詩云：「渭水橋邊不見人，摩挲高冢臥麒麟。千秋萬古功名骨，化作咸陽原上塵。」其詩道出了咸陽古塬的歷史滄桑。古道西風殘照，漢家陵闕。此情此景早已物是人非，穿越歷史時空，目睹蒼涼的陵冢，荒冢殘陽下雖已難辨墓主的真實身份。而散落於陵冢上的石雕像至今風骨猶存，熠熠生輝，是人類最寶貴的歷史文化遺存。

　　在帝陵周圍，還分布有眾多的皇親貴戚、王公重臣的陪葬墓，形成了渭河兩岸數量龐大的墓葬群。帝王陵墓不僅代表至高無上的皇權，也是古代帝王生死觀的體現，而陵墓石雕藝術則是古代帝王精神世界最直接的載體。

　　陵墓前石雕最早出現在戰國時期。秦代乃至先秦陵園石刻僅見於文獻記載。據東晉葛洪輯抄《西京雜記》載：漢五柞宮「西有青梧觀，觀前有三梧桐樹，樹下有石麒麟二枚，刊其脅為文字，是秦始皇驪山墓上物也，頭高一丈三尺，東邊者前左腳折。」後人根據以上文獻推斷，古代帝王陵墓前放置用作鎮墓辟邪的石雕刻初創於秦代，其後不斷發展，直至明清。

　　在西漢王朝的十一座皇帝陵中，除文帝霸陵和宣帝杜陵位於西安東南的白鹿原和杜東原外，其餘九座分布於西安西北、渭河北岸地勢高敞平坦的咸陽原上。漢陵皆為封土起冢，形狀為覆斗方形，頂部平坦，即所謂「方上」。西晉潘嶽《關中記》載：「漢諸陵皆高十二丈，方一百二十丈，惟茂陵高十四丈，方一百四十丈。」

　　唐代是中國封建時代最強盛時期。崇尚厚葬，喜好用石雕作為墓飾，使得石雕藝術得以空前的發展。關中唐十八陵石刻遺存排列有序，且保存較為完整，具有完備的石雕制度體系。其中有不少精品被視作中國陵墓石雕藝術中的經典之作。如「昭陵六駿」、乾陵石人、順陵走獅等。唐陵石雕藝術與其同時代的詩歌，繪畫，音樂，舞蹈和書法藝術共同組成了大唐氣象。觀唐陵石雕藝術之興衰，如同看大唐歷史之興衰。

　　在唐陵中，除昭宗李曄和陵在河南偃師，哀帝李柷溫陵在山東菏澤以外，獻陵、昭陵、乾陵、定陵、橋陵、泰陵、建陵、元陵、崇陵、豐陵、景陵、光陵、莊陵、章陵、端陵、貞陵、簡陵、靖陵等十八座皆分布在關中黃土臺塬和渭北山梁之上。另有幾座追封祖陵，諸如永康陵、興寧陵、順陵、惠陵。

　　唐陵陵域面積巨大，據宋敏求《長安誌》記載，昭陵和貞陵周長一百二十里，乾陵周長八十里，泰陵周長七十六里，其它陵園周長四十里，獻陵周長二十里。各陵建築格局基本一致。陵園皆有方形牆垣，牆垣四面中間各闢一門，東西南北方向分別為青龍門、白虎門、朱雀門、玄武門；牆垣四角建角樓，仿長安城格局樣式，在朱雀門內建獻殿，規模較大，為陵園中的主要建築。下宮建於陵寢西南數里處。

　　唐十八陵東起蒲城縣，西至乾縣，東西綿延一百五十餘公里，號稱「三百里唐代石刻露天博物館」。從長安城鳥瞰唐陵整個空間，十八座帝陵依山背原、兩翼展開、面臨平原、並且隔渭河與都城長安遙相呼應，這一闊大的陵域空間體現了大唐王朝寬廣博大的氣度，尤其是倚山而建的陵園，氣勢更為雄壯大氣。孤聳回絕的陵園主峰，廣闊浩大的陵園區域，龐大的勛臣陪葬墓，威嚴雄壯的神道石刻，使唐陵和大唐盛世一樣，在中國歷史上留下濃重的一筆，唐代是繼秦漢以後的第二次墓葬藝術發展高峰。

　　唐陵完備了陵墓石刻造型模式。唐以後的歷朝各代陵園石雕無不體現著唐代石雕藝術美學觀和陵園空間營建觀念。因此對唐陵石雕藝術發展與演變的解讀，無疑是一次中國傳統文化的尋根之旅。

　　「因山為陵」是唐代帝王陵墓的主要特徵，在位於關中的十八座帝陵中，有十四座是以天然山峰作為陵冢，寢宮深入山腹中。唐太宗昭陵首開因山為陵

之先河。《唐會要》卷二十載：「昔漢冢皆先造山陵……朕看九嵕山孤聳回繞，傍鑿可知山陵處，朕實有終焉之意。」九嵕山位於禮泉縣城東北二十二公里處，山巒起伏綿延，前有渭河後有涇河，主峰在群山簇擁下更顯突兀高聳，大有獨領群峰之勢。昭陵建於貞觀十年（636），歷經十餘年的營建，至唐太宗入葬為止，成為唐帝陵中規模最大的一座，並以此為起點，因山為陵成為唐代帝陵的營建制式。

「因山為陵」體現出李唐一代君王豪邁博大的精神境界，籍巍峨的山勢來比擬和抒發大唐盛世的豐功偉業。同時也體現出中國陵園自漢代以來「天人合一」的傳統審美理想，將巍峨的山峰與帝王陵寢合而為一，以山的偉岸高大來強化的人精神力量，這種將自然山勢與人的主觀思想合而為一，以空間的形式體現出「天人合一」的營建觀念是唐帝陵所獨有的。為此，唐陵石雕刻更加注重的是石雕本身與陵山整體山勢的和諧統一。作為單件石雕則強調的是其厚重的體量，在群像組合中有意減弱每一單件石雕的生動性，強調石雕整體的空間存在感，而削弱每一件石雕的個性化特徵，在強調石雕輪廓的簡潔概括中達到石雕在陵園中的遠視效果，使天然山勢與石雕群達到渾然一體的視覺效果。

最初的唐陵石雕設置既未形成後來的固定模式，也未完全延續漢魏以來的的石雕樣式。獻陵四門外各列石虎一對，南門外又有石犀一對、神道石柱一對。這種設置與北朝石刻設置在形式上有著千絲萬縷的關聯。而昭陵的石雕列置卻完全棄之不顧，大概由於昭陵山前地形複雜，不利於石雕群的放置，故石雕均設在山北面玄武門祭壇內，內容為十四國君長像和浮雕「昭陵六駿」。與獻陵同時建造的祖陵永康陵則已經開始了後來所見的一套石雕模式：在南門神道兩側設立石柱、天鹿、鞍馬、蹲獅。這套模式在稍晚些時候建造的建初陵和恭陵中得到延續和發展。

盛唐時期的乾陵將前期各陵的石刻樣式揉合為一，形成了唐陵石雕的固定制式。一般四門列蹲獅，北門增設鞍馬，南門外從南端石柱開始依次有序地排列著石柱、翼馬、駝鳥、仗馬與牽馬人、文武侍臣、番使群像、石獅，石雕相對而立。各陵又出於不同原因而略有變化。武則天母楊氏順陵是唐陵中較特殊的例子，開始所設石雕數量不多，尺度較小，但隨著武則天權勢的不斷擴充，石雕種類和數量也在不斷地增設，現存的石獅、天鹿皆高大無比。

縱覽唐十八陵石雕藝術，在表現方法上有以下特徵：

一、強調空間的表達
唐十八陵石刻是中國早期雕塑與空間環境完美結合的典範，也可將其視

作中國古代陵園景觀雕塑藝術。唐陵在中國古代陵園建造史上首開「依山為陵」，並在四門列置石雕，石雕被放置在整個陵山的空間中，在陵墓石雕的空間擺放方式上具有開創性的變化，其次正因為自然山體不同變化，就更增加了唐陵石雕的空間美感，並且很自然的形成點線面的空間構成，也很自然的被放置於更廣大的自然地理環境中。

二、強調體塊結構

唐陵石刻在雕刻技巧上更加注重強化整體的體塊感與份量感，強調石雕整體結構與細節雕刻的相互協調和呼應關係，在那些看似靜止凝重的石雕表像下，實則湧動著的是巨大的張力和強大的生命力，使每件冰冷的頭都充滿了生機和活力。這些巨型石雕的排列與組合在高大的陵山下既有強烈的空間結構感，又不顯得喧賓奪主而產生視覺上的突兀感，於周圍的自然環境協調而統一。

三、強調線的刻畫

唐陵石雕中的細節刻畫總是用線刻勾勒而成，如同中國的傳統繪畫中的畫龍點睛之筆，離不開線的描畫，這種線與體積相結合的造型手法在唐陵石刻中得以充分發揮，唐陵石雕的用線，總能把剛勁挺拔的線條隱含在豐潤流麗的體積之中，豐滿雄渾的外形線則賦予厚重的體積以強烈的節奏感，僅憑石雕的外形線就能表達出石雕整體結構的豐滿大氣。那些動物和人物細部毛髮的線刻，給石雕增添了生動而傳神的韻味，每件石雕所刻線條的來龍去脈也都清晰可辨。

唐陵石刻根據題材可分為以下幾類：一類為標誌性石刻；一類為儀衛性石刻，一類為紀念性石刻。標誌性石刻有石柱（或稱墓表、華表、石望柱。華表有「王者納諫」的寓意），其主要功能為指示陵墓的位置，樹立在陵墓的正前方，且高度遠遠望去具有明顯的標識性。儀衛性題材的石刻，是按一定的禮制和象徵寓意確定數量和造型的石刻類型。有祥鳥瑞獸（包括鴕鳥、犀牛、天祿、翼馬、獬豸、羊等），鞍馬及馭手，鎮墓獸（包括獅、虎），文武侍臣等。其中天祿，獬豸，犀牛，虎則多見於早期唐陵，翼馬，鴕鳥則出現在盛唐以後，羊則多見於功臣皇親墓前。這類題材的石刻大多具有一定的象徵寓意。例如：侍臣及鞍馬象徵儀仗，獅虎象徵威嚴神聖等等。紀念性題材是為了紀念某一特定的事件而特別設立的，有反映唐代與友邦友好的人物石刻「番酋」群像，在昭陵，乾陵，泰陵，崇陵中皆有設立。昭陵的「昭陵六駿」浮雕，為了紀念唐朝開國之初跟隨唐太宗李世民征戰沙場，立下赫赫戰功的六匹名馬而刻

立，這組浮雕具有特定的紀念意義。

　　歷史學上一個毋庸置疑的事實是，人類歷史的進程往往與藝術史的發展進程並不同步，甚至於逆向發展。最典型的例子是魏晉南北朝是中國社會史上極為黑暗的時期，而其時的佛教雕塑和繪畫藝術是中國藝術史上的一段極輝煌時期。唐代尤其盛唐是中國封建社會最強盛的時代，而令人回味的是唐陵石雕藝術縱向發展的關鍵轉折點也是在初、盛唐相交之時。這一「巧合」並不是在對它進行時代與藝術之關係的泛論。在中國傳統藝術各範疇各種類中，唯有陵墓石雕藝術因為與統治者的緊密關聯，而被君主觀念和國家政局所左右，甚至一次宮廷政變即可影響到它的制作時間和列置規格。這是它的一個顯著特徵。時代的大趨勢造就了它的發展大趨勢，國家政治、經濟的變動又促使著它在藝術表現上的迅速變動。

　　唐陵石雕藝術從探索時期走向成熟時期，經過持續時期轉入衰退時期，大的演變趨勢與社會史上的初唐、盛唐、中唐、晚唐的習慣認識是基本一致的，但各階段的具體延續時間又不一致，有藝術自身的發展規律。根據唐陵石雕藝術造型形式的演變狀況可以將它分為以下四個發展時期：

一、探索期

　　這一時期包括永康陵、興寧陵、獻陵、昭陵。主要造型特徵為繼承漢魏南北朝的傳統，在自由探索中發展，形制不一，藝術表現及造型樣式豐富多樣。其中永康陵蹲獅造型與北周石獅有明顯的傳承關係，獻陵石雕體量巨大，石犀和石虎造型較為寫實，造型厚重凝練，北朝風格盡顯其中，昭陵六駿石雕造型具有明顯的寫實風格，造型風格受古希臘古羅馬石雕藝術風格的影響，雖然這一時期的石雕造型風格尚不明顯，從目前遺存來看石刻數量也極有限，但已具有制作大型石雕的技術手段。唐陵石刻探索期較為重要的石雕遺存有永康陵的蹲獅、昭陵六駿、獻陵石犀及石虎（以上皆藏西安碑林博物館），獻陵石柱。

二、成熟期

　　這一時期包括建初啟運陵、恭陵、順陵、乾陵、定陵、橋陵、惠陵。主要分期特徵為綜合前代和初期的創造，逐步確定制度和樣式，造型表現趨於成熟。以乾陵石雕造型為代表，形成固定的石刻組合模式，數量和種類都較之前大大增加，造型風格較為寫實，深受希臘和中亞造型風格的影響，石雕造型形成強烈的異域裝飾風格。石人造型頭大身小，面部具有強烈的體積感。石刻造型體量宏大，局部雕刻精細。較為重要的石雕遺存有順陵走獅、獨角獸，乾陵

翼馬、石獅、石人、藩臣像，橋陵石獅、獬豸，定陵石人、石獅。

三、持續期

這一時期包括泰陵、建陵、元陵、崇陵、豐陵。主要分期特徵為延續發展成熟期的設置制度和造型樣式，追求程式中的變化。以泰陵石雕為代表石人比例協調，造型趨於寫實，裝飾華麗豐富，深受西域裝飾風格影響，整體石雕體量縮小、雕刻風格更加細膩逼真，線條賦予變化，受人物繪畫造型風格影響較大。重要的石刻遺存有泰陵石人、石柱、翼馬，建陵翼馬、石人，崇陵石人、翼馬，豐陵石柱。

四、衰退期

這一時期包括景陵、光陵，莊陵、章陵、端陵、貞陵、簡陵、靖陵。主要分期特徵為石雕體量較小，造型風格極不穩定，時好時壞，石雕制作較為粗糙，審美追求日益淡漠，石人比例廋長，裝飾風格粗略。重要的石刻遺存有景陵仗馬，莊陵翼馬，端陵瑞鳥（以上皆藏西安碑林博物館），貞陵石獅、簡陵石獅、翼馬（以上皆藏陝西歷史博物館）。

巍峨的終南山和渭河之水孕育千年帝王之都，也留下豐厚寶貴的文化遺產，唐陵石刻藝術是唐代社會變遷的縮影，見證了唐代歷史的盛衰。

唐陵陵區範圍遼闊荒涼，人煙稀少。這些惡劣的自然環境使得多數涉足者望而生畏。党明放先生一直以來堅持實地走訪和拍攝，以頑強的毅力孤身深入唐陵，並與陵友相約逐座穿越唐陵四門，行至山間，或溝壑縱橫，或峭壁懸崖，那感覺簡直就是對人生的一種挑戰。先生以文化學者的眼光，穿越時光洞見唐陵石刻藝術雄渾博大之美，用鏡頭留下唐陵石刻二十年間的歷史變遷。先生自稱走陵人，實為勇於攀越的獨步者、苦行者。

是為序。

2010年11月於西安

陳雪華，唐陵石刻藝術史研究專家、西安建築科技大學藝術學院副教授、碩士生導師。

劉向陽序

　　中國古代帝王陵墓是中古社會特有的歷史產物，也是當時社會政治、經濟和文化藝術的重要組成部分。唐代是中國古代社會發展的黃金時代和鼎盛時期，自618年李淵建立唐王朝至907年滅亡，前後290年，期間共有二十一位皇帝執政，除昭宗李曄和哀帝李柷死後分別葬在河南澠池（和陵）和山東菏澤（溫陵，具體地點待考）以外，其餘十九位均埋葬在陝西渭河以北的黃土高原和北山山嶺之中，因高宗李治與中國歷史上唯一的女皇帝武則天合葬一處，所以成陵十八座。陵園分佈在西起乾縣，中經禮泉、涇陽、三原、富平，東至蒲城的六個縣境內，東西綿延150多公里，在地理位置上恰好形成了一個以唐京都長安為中心而平鋪於渭河以北呈102度的扇面形，人們習慣上稱為「渭北唐十八陵」或「關中唐十八陵」。

帝王陵山彰顯的唐王朝博大氣勢

　　唐十八陵之所以集中分佈於京都長安城以北的第二道黃土高原和北山各島伏山嶺之主峰，是因為長安城以北的第一道高原——咸陽原早已成為秦、漢兩朝的陵邑和陵墓地區，因此，唐代帝王陵墓的構築不得不向北發展，就是距離長安城最近的德宗李適的崇陵也有68公里，而距離長安城最遠的玄宗李隆基的泰陵竟達130公里之遙。

　　由於黃土高原和山嶽形勝的不同，唐代帝王陵墓的構築分為「積土為陵」（或稱「封土為陵」）和「因山為陵（或稱「依山為陵」）兩種形式。營建於三原縣北荊原和徐木原的高祖李淵獻陵、敬宗李湛莊陵、武宗李炎端陵和乾縣北原的僖宗李儇靖陵，屬於積土為陵，它們都是選擇海拔500至800米左右的高阜之地，這裏原高土厚，便於深埋，即所謂「高墳厚壟，珍物畢備。」[1]

營建於渭北山脈嵕伏山丘地帶的太宗李世民的昭陵、高宗李治與女皇武則天的乾陵、中宗李顯的定陵、玄宗李隆基的泰陵、肅宗李亨的建陵、代宗李豫的元陵、德宗李適的崇陵、順宗李誦的豐陵、憲宗李純的景陵、穆宗李恒的光陵、文宗李昂的章陵、武宗李炎的端陵、宣宗李忱的貞陵、懿宗李漼的簡陵等14座陵墓，其山脈海拔分別在750至1200多米之間，山峰南面多陡峭，北面多為緩坡，東西或為深谷，多屬於圓錐形的孤山。這種背依山原，兩翼展開，面臨平川，隔渭河與都城長安相望的佈局，既體現了帝王山陵的高大，又體現了唐王朝的博大氣勢。

唐代帝王死後葬地「因山為陵」，起始於太宗李世民的昭陵。據文獻記載，貞觀十年（636），李世民遵照文德皇后長孫氏去世時「請因山而葬」、「儉薄送終」[2]的遺囑，汲取「自古及今未有不亡之國，是無不掘之墓」[3]的古訓，親自選定孤聳回絕的九嵕山主峰為陵址，以整個山頭為陵塚，在其南部中腰地段鑿塹壕為「埏道」（墓道），通進山腹底部營造地下石宮殿，此舉既實現了文德皇后「儉葬」的遺願，又能使「奸盜息心」，開創了唐代帝王「因山為陵」葬制的先例，並詔令子孫後代「永以為法」。同時，在陵園地面修築由諸多殿宇樓閣組成的龐大的建築群，列置眾多碩大精美的石雕刻，詔令「功臣密戚和德業佐時者」[4]陪葬皇陵，從而使陵園兆域廣闊、規模宏大、建築富麗、氣勢雄偉壯觀，代表了唐王朝社會高度發展的政治、經濟和文化藝術水準。在「因山為陵」的十四座陵寢中，只有太宗李世民的昭陵和玄宗李隆基的泰陵的陵址是墓主人生前親自選定的，其餘十二座都是墓主死後由後世皇帝選定的。

開創唐代帝王「因山為陵」葬制的昭陵，是唐十八陵中規模最大的一座，其玄宮所在的九嵕山主峰由九道山梁匯聚而成，山勢突兀，主峰海拔1224.90米，地處涇河之陰，渭河之陽，南隔坦蕩的關中平原與太白山、終南山諸峰遙相對峙。山峰東西溝壑縱橫，起伏疊嶂，蔚為壯觀。昭陵以九嵕山主峰為陵，是李世民生前親自選定的。唐王朝建國初年，李世民經常率軍出征，曾多次路過九嵕山；唐的統一大業完成後，他又經常在九嵕山一帶畋獵，對這裏的山川地貌不但十分熟悉，而且喜歡上了九嵕山。據文獻記載，貞觀十年六月二十一日，文德皇后長孫氏病逝後，李世民便下詔令營建昭陵。他曾對侍臣說：「昔漢家皆先造山陵，既達始終，身復親見，又省子孫經營，不煩費人功，我深以此為是。古者因山為墳，此誠便事。我看九嵕山孤聳回繞，因而傍鑿，可置山陵處。朕實有終焉之理。」[5]貞觀二十三年五月二十六日，李世民駕崩，高宗

李治遵照其父遺願，葬其於九嵕山昭陵。昭陵因山鑿石為玄宮，從埏道至墓室深七十五丈（此按唐大尺計算，一唐大尺約合0.295米，約合221.25米），前後置五重石門，中為正寢，東西廂列石床，床上石函中為鐵匣，內裝前世圖書、墨跡、珍寶等隨葬品。為了使「宮人供養如平常」，在山上建造了房舍和遊殿。因山南地勢陡峭，「懸絕百仞」，往來不便，又「緣山傍巖，架梁為棧道」，盤曲而上。後來，為了墓室的隱秘安全，使之「固同山嶽」，又將棧道拆除。從此，「陵寢高懸，使與外界隔絕」。安史之亂時，杜甫逃難經過昭陵，在〈重經昭陵〉詩中描繪了昭陵之險，詩曰：「陵寢盤空曲，熊羆守翠微。再窺松柏路，還見五雲飛。」[6]九嵕山屬石灰巖質地，易被風雨剝蝕，加之歷代兵燹戰火，陵山上的建築今已蕩然無存，但遊殿和棧道遺跡仍清晰可辨。昭陵是世界上兆域最大的帝王陵墓之一，也是世界上惟一架有棧道的帝王陵墓。從首葬文德皇后、埋葬太宗，到貞觀二十三年八月十八日山陵事畢，昭陵共營建了十三年。據《關中勝跡圖誌》等史料記載，昭陵有垣牆圍繞，牆四隅建有角樓，正中各開一門，南曰朱雀門，北曰玄武門，東曰青龍門，西曰白虎門。考古調查證實：朱雀門在陵山正南約800米處，門外有雙闕臺址，門內有獻殿遺址。玄武門在陵山正北約600米處，門外有雙闕臺址，門內是北司馬院，院內列置著名的「昭陵六駿」和十四尊蕃君長石像。由此可見其規模的龐大和工程的浩繁。

被譽為唐代帝王「因山為陵」葬制典範的乾陵，是唐高宗與女皇武則天的合葬陵，陵園位於乾縣城北的梁山主峰。梁山由三座山峰組成，主峰崢嶸峭拔，主峰海拔1047.3米。乾陵寢宮深入主峰山腹，其鑿建於主峰南側中腰部的斜坡式埏道長63.1米，深17.9米，口寬3.87米，向北逐漸縮小，至玄宮門洞口時僅寬2.75米，全部用長方形和方形石條填砌，表層鋪砌石條410塊，39層共用石條約8000塊。石條之間用燕尾形鐵栓板嵌固，上下層之間鑿洞，用鐵棍貫穿，並以鐵錫熔液灌註，使之與石條融為一體。文獻記載和考古資料證實，乾陵是目前唯一未被盜掘的唐代帝王陵墓。唐代各帝陵占地面積很大。據宋敏求《長安誌》記載，昭陵和貞陵周圍一百二十里、乾陵周圍八十里、泰陵周圍七十六里、定、橋、建、元、崇、豐、景、光、莊、章、端、簡、靖等十三座陵周圍四十里，獻陵最小、周圍僅二十里。陵園建制皆北向南、地勢北高南低、中軸線南北向、東西對稱佈局。兆域內玄宮、神道和乳臺至鵲臺之間做三級臺階狀、似屬風水中的三臺山之兆、陵墓所在的內城偏北、居高臨下、四周夯築內、外兩重城牆。內城四面各闢一門，南曰朱雀門，北曰玄武門，東曰青龍門

（東華門），西曰白虎門（西華門）。積土為陵者，內城多為方形，四門正對陵塚。依山為陵者，內城垣多數呈不規則的多邊形，一般南、東、西三門大多正對玄宮，北門多因地勢而築。被譽為「歷代諸皇陵之冠」的乾陵，原有內、外兩重城垣，外城「周八十里」；內城周長5920米，其中南北城垣各長1450米，東垣牆長1582米，西垣牆長1438米，總面積約230萬平方米。目前發現的東側外城垣與內城垣之間相距220米。城牆皆夯築，基址寬2.1—2.5米。城牆四角各築角闕，四門之外均置雙闕。南門內有獻殿等建築遺址，門外神道南端設鵲臺，中間為乳臺。鵲臺為陵園的第一道門，乳臺是陵園的第二道門。鵲臺與乳臺一般相距2000餘米，少者1500米左右。乳臺至南門的神道兩側對稱排列石刻。門、闕、角樓和城牆均夯築，外表包磚，基址底部四周以石條壘砌。另外，在帝陵西南、鵲臺西北，距陵墓5里左右的山下建有下宮，是當時守陵官員、宮人居住和進行日常祭獻的地方。

唐代石刻藝術的露天展覽館

唐代皇陵的規模和氣魄除了表現在孤聳巍峨的陵山主峰和宏偉龐大的陵園建築群上之外，還反映在陵園神道兩側列置的眾多碩大精美絕倫的石雕刻群和龐大的陪葬墓群上。唐代皇陵設置石刻，各陵皆有，形式包括圓雕、浮雕和線雕三種。其題材之廣，數量之多，雕琢技藝之精湛，都遠遠超過前代，被譽為唐代石刻藝術的露天展覽館。這些石刻主要列置在神道兩側和內城四門之外，其中以南門外神道石刻數量最多，種類最繁。唐初高祖獻陵和太宗昭陵的石刻雖然形制高大、雄渾，但題材、數量和陳列位置等並無定制。到盛唐高宗與武則天乾陵時，石刻種類和數量大為增加，組合形式基本形成定制，即陵園四門之外置蹲獅，北門置六馬，神道兩側列石柱（華表）、翼馬（天馬或瑞獸）、鴕鳥、仗馬及馭手、石人（文臣或武將）、蕃臣石像等。此後的中宗定陵和睿宗橋陵基本遵從此制，石刻仍保持前期風格，但雕刻藝術更為精湛。中晚唐時期，自玄宗泰陵至僖宗靖陵的13座陵墓，石刻大部分形體卑小，製作粗糙，組合上也出現混亂現象，反映了「安史之亂」以後唐王朝由盛轉衰的境況。

據統計，「唐代關中十八陵，原有石刻（不包括陪葬墓）共1081件，現在包括殘件在內僅存498件。」[7]目前，學術界將唐陵石刻分為標誌性石刻（石柱）、祥鳥瑞獸類石刻（鴕鳥、翼馬、犀牛、獅子、老虎、獬豸）、儀衛類石刻（仗馬及馭手、石人）和紀念性石刻（昭陵六駿、蕃臣石像、述聖紀碑、無字碑）四類。在這些石刻中，最具有代表性的有：獻陵石柱、石犀牛、石虎；

昭陵的六駿浮雕和14尊蕃君長石刻像；乾陵司馬道的石柱、翼馬、石獅、無
字碑、述聖紀碑和61尊蕃臣石像；建陵翼馬；橋陵石獅、石獬豸；泰陵翼馬等
等，共計百餘件。昭陵因為山南地勢陡峭，石刻都集中在陵北。據《唐會要》
記載，高宗李治欲闡揚先帝（太宗）徽烈，乃令匠人琢石，寫諸蕃君長即貞觀
中擒伏、歸化者如阿史那社爾、吐蕃贊普、高昌王麴智勇、焉耆王龍突騎支等
14人形狀，並背刻其名，列於陵北司馬院內，以旌武功。太宗為追念自己在創
建大唐江山中的武功，在埋葬長孫皇后之後即詔令雕刻自己在戰爭年代所乘六
匹戰馬的浮雕像，即著名的「昭陵六駿」。據研究者考證，六駿都是從西域和
波斯貢馬中精選出來的良馬，分別雕刻在六塊高2.5米，寬3米的石屏上，石屏
左上角或右上角有唐太宗自題四言贊美詩，由大書法家歐陽詢書寫。六駿浮雕
原置於昭陵北司馬院內的石基上，後世整修時移置於祭壇東、西的兩廡之中。
東廡依次為特勤驃、青騅和什伐赤，西廡依次為颯露紫、拳毛騧和白蹄烏。據
《全唐文》收錄太宗六駿贊文記載，駿馬「特勤驃」毛色黑裏透白，喙為黑
色，是與劉武周大將宋金剛等作戰時的坐騎；「青騅」是一匹蒼白色雜毛馬，
前中五箭，是平定竇建德時的坐騎；「颯露紫」紫色，是李世民東征洛陽，鏟
平王世充勢力時的坐騎；「拳毛騧」黑咀頭、周身旋毛呈黃色，前中六箭，後
中三箭，是平定劉黑闥時的坐騎；「白蹄烏」純黑色，四蹄俱白，是平定薛仁
杲時的坐騎。六駿中「颯露紫」是唯一旁伴人像的，人即丘行恭，正在俯首為
馬拔箭。據《舊唐書・丘行恭傳》記載，它所表現的是攻打洛陽王世充時，丘
行恭拼死護駕讓騎拔箭的故事。六駿中「拳毛騧」、「特勤驃」和「颯露紫」
表現出緩步行進的安然神態，其餘三駿則表現出奔騰奮進的強勁姿態。這些雕
刻技藝精絕，線條簡潔有力，造型栩栩如生，蘊含豐富歷史內容的藝術珍品，
充分顯示了我國古代雕刻藝術的成就。可惜的是六駿已於20世紀20年代被全部
破壞，其中「颯露紫」和「拳毛騧」被盜運到美國，現存美國費城賓夕法尼亞
大學博物館，其餘四駿當時被砸成數塊，現拼接復原後存於西安碑林博物館石
刻室。

　　歷史上帝王陵墓前立「無字碑」者，以唐乾陵為最早。乾陵「無字碑」
立於陵園朱雀門外司馬道東側闕樓前，該碑圓首方趺，通高8.03米，重約98.8
噸。碑身用一塊完整的巨石雕成，高6.54米，寬2.1米，厚1.49米。碑首刻有八
條相互纏繞生動有力的螭龍，左右兩側各四條。碑身兩側各刻有〈升龍圖〉
一幅，高4.12米，寬1.19米，龍爪銳勁尖利，身軀矯健扭動，騰雲駕霧，充滿
活力，這是迄今為止見到的最大的升龍圖像。乾陵「無字碑」為唐人所立，

但卻未刻唐人一字，個中緣由，後人紛紛猜測，而留在「無字碑」上的宋、金以來文人學士的42段題詞詩文更增添了人們對它的關註和解謎之迫切。

陪葬：「克成鴻業」者的賞賜

唐代實行功臣密戚陪葬皇陵，始於高祖李淵的獻陵。高祖李淵駕崩後，太宗李世民在為其父制定造陵規制的同時，承繼漢代將相死後陪葬帝陵的制度，制定了功臣密戚陪葬皇陵制度，作為對「克成鴻業」者的賞賜。他在《賜功臣密戚墓地東園秘器詔》中說：「自今以後，（功臣）身薨之日，所司宜即以聞，並於獻陵左側，賜以墓地，並給東園秘器，事從優厚，庶敦追遠之義，以申罔極之懷。」[8]為了建立龐大的陪葬墓群，他不僅明詔賜葬地之位置，而且給予葬事優厚的待遇，以鼓勵大臣們積極參與陪葬。貞觀二十年（646）以後，又準許功臣幕僚自請陪葬，並允許其子孫從祖、父祔葬。所以，當時的朝臣皆以陪葬皇陵為榮。據金石著錄和發掘資料，昭陵和乾陵均有從葬和祔葬者。

唐代陪葬皇陵以唐初諸陵為多，玄宗泰陵以後甚少，到晚唐基本消失。文獻記載，獻陵有陪葬墓二十五座（調查有五十二座），到太宗昭陵時，陪葬皇陵到達鼎盛，功臣陪葬，皇親陪葬，多達幾百座。據調查，昭陵現有陪葬墓一百九十四座，可以明其姓名、身份者七十三座。從1970年至今已發掘大型墓葬四十餘座，發現墓碑四十六通、墓誌四十五方。從碑誌資料來看，均為初唐諸王、妃嬪、公主、少數民族將領和著名臣僚墓葬，如魏徵、鄭仁泰、房玄齡、尉遲敬德、李靖、阿史那忠節、臨川公主、新城公主、韋貴妃等。陪葬者依照死者生前的品級高低和嫡庶親疏採用不同的形制，少數依山為陵，多數積土為墓塚，墓塚外形或為覆斗型，或為饅頭形，周有圍牆，南門外建雙闕，闕南置石獅、石人、石柱、石羊、石虎等石刻。昭陵陪葬墓大都分佈在陵山主峰以南，陵山居高，眾多陪葬墓臨下，如「辰星拱月」，星羅棋布，好像群臣上朝侍列兩旁，襯托出了帝王陵山的高大雄偉氣勢。

太宗之後，高宗李治與武則天的乾陵、睿宗李旦的橋陵等也有不少陪葬墓。乾陵的陪葬墓分佈在陵區東南部，均為皇親貴戚和朝廷重臣，據《文獻通考》記載，有章懷太子李賢、懿德太子李重潤、永泰公主李仙蕙、澤王上金、許王素節、邠王守禮、義陽公主、新都公主、安興公主、特進王及善、左衛將軍李謹行、右僕射劉仁軌、中書令薛元超、左僕射楊再思、右武衛將軍高侃等十七人。1960年至1972年以來，文物工作者已發掘了章懷太子、懿德太子、永

泰公主、李謹行、薛元超等五座墓葬。墓葬地下部分均由墓道、過洞、天井、壁龕（便房）、甬道、前室和後室等部分組成。墓室和甬道用磚築砌，方磚墁地，墓室頂為穹窿頂。墓內繪有大量壁畫。雖然都曾被盜，但仍出土了以唐三彩、唐墓壁畫和石雕線刻畫為主的珍貴文物4000餘件，顯示了唐代政治、經濟和文化藝術發展的高超水準。其中章懷太子、懿德太子和永泰公主墓室地宮已對外開放，供中外遊客參觀。

關中唐十八陵，蘊藏著極為豐富的唐代文化藝術奇苑。規模宏大的古陵園遺址，孤聳回絕的陵園主峰，佈局嚴謹的陵園建築，精美絕倫的大型石刻，龐大的皇親勛臣陪葬墓以及出土的斑駁陸離的三彩鎮墓俑獸、姿態迥異的彩繪兵俑，威武的貼金甲馬武士騎俑，艷麗奪目的墓室壁畫，精湛細微的石雕線刻畫等稀有的藝術珍品，構成了一座座天然的文物寶庫，成為人們領略大唐文化藝術和訪古覽勝的悠然境地。

党明放先生淳善剛毅，近二十年間，單車騎行在關中渭河北岸的山野之間，攀巖登坎，撥荊尋蹤，詳儘地記錄著關中唐陵地表石刻遺存之現狀，寶藏了中華民族文化之珍貴遺產。其《唐陵石刻遺存圖集》為人們欣賞、典藏、研究、傳承中古唐代雕塑藝術提供了一個較為完備的圖本。

應党明放先生囑，謹以此文為《唐陵石刻遺存圖集》序。

註釋

[1]《舊唐書》卷七十二《虞世南傳》，中華書局1975年，第2568頁。

[2]《舊唐書》卷五十一《太宗文德皇后長孫氏傳》，中華書局1975年，第2166頁。

[3][5]《唐會要》卷二十《陵議》，中華書局1955年，第393頁。

[4]《舊唐書》卷三《太宗本紀下》，中華書局1975年，第47頁。

[6]《全唐詩》卷二百二十五。

[7]《隋唐考古》，秦浩著，南京大學出版社1992年第1版，第91頁。

[8]《全唐文》卷六。

2010 年 12 月於乾陵博物館

劉向陽，研究館員、乾陵博物館副館長、《乾陵文化研究》副主編。

李浪濤序

　　唐陵石刻是一種體現唐代精神風貌的物質載體，是唐陵制度中的重要組成部分。唐陵歷來被視為江山社稷的象徵，它用崇山的氣勢去強化生前帝王的精神，從而達到天人合一、相得益彰的效果。它在中國帝王陵寢制度史上有著極為重要的地位。

　　雕塑，指以立體視覺藝術為載體的造型藝術。劉開渠認為：雕塑藝術有兩種創作主流：一是以服務於封建統治和宗教為目的；一是以描寫社會生活及表現人的思想感情為內容。前者的作用是教人服從、崇拜、信仰，後者是有啟發人嚮往社會生活和認識人的思想、感情的藝術效果。史巖將雕塑藝術大體歸納為工藝雕塑、建築雕塑、陵墓表飾、墓室雕刻、明器藝術、宗教造像、紀念雕塑以及民間雕塑等類。劉鳳君又將其分為世俗雕塑和宗教雕塑兩大部分。世俗雕塑主要指工藝雕塑（即木雕、玉雕、石雕、竹雕、牙雕、陶塑、泥塑、瓷塑和金屬雕鑄等）、建築雕飾、陵墓雕塑（即地面石雕、墓室建築中的磚雕、石雕和專門供隨葬用的雕塑偶像等），以及帶有某些崇拜性質的紀念雕塑等，而宗教雕塑主要指佛教、道教和伊斯蘭教等雕塑藝術。並認為世俗雕塑先於宗教雕塑。圓雕、浮雕和透雕是雕塑的三種基本形式，有著其他種類藝術所難以企及的特殊屬性。

　　唐陵石刻具有題材多樣性、寓意深刻性和相對獨立性。以乾陵朱雀門神道為例，自南而北，即：石柱、翼馬、駝鳥、仗馬及馭手、石人、述聖紀碑、無字碑、蕃酋像及石獅等，其數量之多、體量之大、品位之高，而且又具有完整的序列性和承上啟下的傳承關係。唐陵石刻是一幅立體的歷史畫卷，它記錄著大唐帝國的榮辱與興衰。在不斷變幻的時空裏，在不斷流動的時間裏訴說著對生命永恆的渴望。

　　唐陵石刻具有「有情節的內容」和「有意味的形式」的雙重意蘊。比如「昭陵六駿」浮雕及「昭陵十四蕃君長石像」圓雕，原本它們皆有名號，和唐

太宗李世民有著血肉相連的生死之情。李世民遂命人將其刻石並置於昭陵北司馬門內，而且分東、西兩組陳列在七間長廊中，每組七人，共用四間房，南三間每間各二人一前一後且東、西站立，中間各列置一人，東側的石人均朝向西站立，西側的石人均朝東站立；北三間每間列置一件六駿馬浮雕，馬頭均朝向石人，朝向自己的主人長眠的方向，朝向南方的太陽。不僅如此，還有四匹馬身上中有敵人的箭。李世民想通過這帶箭受傷、壯烈疆場的馬的浮雕，表達自己怎樣的心懷和感情？這是具有多　的深長「意味」！

　　唐陵石刻具有典型性和裝飾性。帝陵石刻是一個王朝綜合國力的集中體現，非一人一時所能完成，石刻作品的製作相對較難，首先要採集石料，其次是搬運，然後是雕刻，最後再移至陳列位置。由於它是用於裝飾的，所以，首先必須立足現實，保留傳統的、優秀的藝術審美形式；其次，還必須準確把握時代前進的脈搏和藝術的前衛性，要將特定的時代特徵和時代精神風貌融入作品之中，使其得到相應的認可。

　　唐陵石刻之美，美就美在它所處的自然環境所營造的天然的意境美。誠如劉鳳君先生所言：「只有用雕塑藝術的規律和特點欣賞，才能認識雕塑藝術，感到雕塑的美和豐富的意境。雕塑是立體的，要從各個角度去看，要在各種不同的光線照耀下去看。每一個側面，每一光照的變化，都構成一個意境，一幅幅畫面，可供欣賞。」

　　唐陵石刻之美，美就美在它在塊體結構與線條的運用上。誠如程征先生所言：「塊體結構不僅使對象增強了量感，而且在塊塊豐肌的起伏中隱含著一種不可遏制的湧動。體的湧動感和線的律動感相融合，使靜止的偶像體內沸騰著生命的波濤，從而賦予冰冷的青石以熱血，以生機。這正是大唐盛世雄大的精神魄力和勃勃生機的一種表像。」

　　唐陵石刻皆置於曠野之中，千百年來，不斷遭受風雨剝蝕，加之人為的損毀，其數量逐年在減「少」，軀體逐年在變「瘦」。多年來，我一直懷著一種去關中唐陵走一走看一看的願望，想面對那些巨大而精美的石像去端詳、去欣賞、去撫摸，去睹「物」思「人」，去感知石像背後的故事，更想將自己的臉貼著它們的軀體，用心去聆聽唐代藝術大師們內心的傾訴；去感知當年工匠們在石刻個體中蘊含著怎樣的一種情懷？又在個體構成的整體中傳達著怎樣的一種時代精神？是否像陳忠實所說的那樣：「我的作品就像我生的孩子，有十月懷胎孕育期的期待，有分娩前的陣痛，有生命誕生後的欣喜和幸福。」然而，

千年不變的是崇山，不動的是石像，而變化著的是時光、是季節、是生死輪回，以及宇宙生生不息的律動。

用影像記錄唐陵石刻，當屬一項宏大的文化建設工程。如果記錄者沒有過人的才識和膽識，是不易成功的。遺憾的是，至今我還未能通覽唐陵石刻的風采與神韻。所幸的是，党明放先生在研究清人鄭板橋之餘，懷揣相機，手持地圖，攜帶必要的防身器具，孤身一人，曾先後六次穿行在陝西關中六縣長達三百華里的唐朝各個歷史時期的皇陵及追封的祖陵之間，他以一位專業攝影師的視覺在尋找、在等待、在默默地記錄。先生胸具通識，堪任勞劇，渾身上下浸染著大唐文化和藝術的濃鬱醇香。他為社會、為人類留下了唐陵石刻的神韻和永恆，也圓了我們「一日看盡十八陵」之夢。

唐陵石刻是立體的詩，動態的畫和有形的音樂。我國歷代學者都十分重視文物圖錄的研究。宋人鄭樵說：「古之學者，為學有要，置圖於左，置書於右，索象於圖，索理於書，故人亦易為學，學亦易為功。」人們往往喜歡通過圖像來感知事物，來獲取知識。

從某種意義上講，明放先生的《唐陵石刻遺存圖集》可謂一部中國斷代雕塑藝術史，具有重要的學術價值和欣賞價值。同時我相信，時人及後人一定能夠從先生的影像記錄中體味出大唐帝陵雕塑藝術的恢弘氣勢與美妙。

是為序。

2010年12月23日於昭陵博物館

李浪濤，研究館員、昭陵博物館副館長、西安交通大學勵誌學院通識導師。

引　言

　　大唐王朝二十帝歷十四世二百八十九年，帝王陵寢共計二十座，除第十九位皇帝昭宗李曄和陵及第二十位皇帝哀帝李柷溫陵分別位於河南偃師及山東菏澤外，其餘十八座均分佈在陝西渭水之濱的北山之陽，號稱「關中唐十八陵」。

　　唐十八陵橫貫蒲城、富平、三原、涇陽、禮泉及乾縣，東西綿延三百華里。幾乎與渭水西漢武帝茂陵、昭帝平陵、成帝延陵、平帝康陵、元帝渭陵、哀帝義陵、惠帝安陵、高祖長陵、景帝陽陵成平行一線。若以唐長安城為基點，東北連玄宗泰陵，西北接唐高宗乾陵，可形成一個102°的扇面，而唐陵就位於扇面的頂端。

　　在歷史發展進程中，修建於初唐時期的高祖獻陵、太宗昭陵；盛唐時期的高宗乾陵、中宗定陵、睿宗橋陵；中唐時期的玄宗泰陵、肅宗建陵、代宗元陵、德宗崇陵、順宗豐陵、憲宗景陵、穆宗光陵、敬宗莊陵；晚唐時期的文宗章陵、武宗端陵、宣宗貞陵、懿宗簡陵、僖宗靖陵。不同時期的石刻組合，無論是在單位體量上，還是在精美程度上，都會受到當時政治、經濟、文化等因素的直接影響。

　　北山山脈呈東北西南走向，平均海拔一千餘米，重巒疊嶂、雲霧蒼茫、顧盼自雄：金粟山、堯山、逸山、五龍山、明月山、玉鏡山等山勢突兀，山巒相望，山陵環峙；或龍盤鳳翥，或孤聳回絕，或直摩煙霄。如青龍蜿蜒，勢大脈遠。從唐高宗乾陵起，唐陵石刻組合遂為定制。依其題材和寓意可分為：一、標誌性石刻，如石柱；二、珍禽類石刻，如駝鳥；三、瑞獸類石刻，諸如翼馬、犀牛、石虎、石獅；四、仁獸類石刻，如獬豸；五、儀衛類石刻，諸如仗馬、石人；六、紀念性石刻，諸如昭陵六駿、乾陵述聖紀碑、乾陵無字碑、蕃臣像。

　　一、石柱，亦稱望柱，或稱華表，簡稱表。在漢代，華表稱桓表，亦稱

桓楹。陳、宋間訛桓為和，江左遂雲華表。其制以大版貫柱四出。華表最早用於交通標誌，置於亭郵、橋梁、城門及宮殿之前，又可作為界標使用。陵墓之前列置石柱始於春秋戰國時期燕國第三十九任君主昭襄王陵墓。東漢前多為木制，東漢時改木為石。自南朝起，帝陵前列置石柱已成定制。

關於石柱的形制，漢代柱身為圓形，且有題額的垂直瓜稜紋（瓜稜紋便是柏歷使用竹子的孑遺），在其兩端各有一道繩辮紋帶，柱頂為圓雕獅頭。石獸之下為蓮花紋蓋盤。南朝與其接近，但明顯地反映出了波斯和印度文化的影響。

唐自乾陵始，諸陵石柱形制相近，柱身皆為八稜形狀。柱頭皆為寶珠。在柱座、柱身及柱頂臺盤相接處各浮雕仰、覆蓮一周，柱身各稜面改垂直瓜稜紋為線刻蔓草花紋。這些變化有可能是受到佛教文化對的影響。

二、駝鳥，中古波斯語ush-tur murgh，即駱駝鳥。初稱大鳥、大雀、大馬爵，亦稱鸞鳥。駝鳥頭小眼大，頸長毛松，通高2.70米左右，體重可達150公斤，奔跑時速可達60公里。原產中西亞和非洲氣候幹燥的沙漠地帶。地質時代，我國北方地區就有駝鳥分佈，後因自然環境的變化，駝鳥逐漸消失。《魏書·西域傳》中記載波斯國有「鳥形如橐駝，有兩翼，飛而不能高，食草與肉，亦能噉火。」《冊府元龜》卷九百七十記其「高七尺，足如駝，有翅而能飛，行日三五百里，能啖銅鐵，夷俗呼為駝鳥。」

駝鳥作為異邦神鳥，有「見者天下安寧」、「至者國家安樂」之意。漢唐時期，域外使者常把鸞鳥作為貢品獻給中國，《舊唐書》中有波斯、吐火羅等國向長安進獻大鳥的記載。是中外友好和文化交流的象徵。李白《秋浦歌》詩雲：「秋浦錦駝鳥，人間天上稀。山雞羞淥水，不敢照搏衣。」

永徽元年（650）五月，高宗曾把吐火羅國進貢的駝鳥獻於昭陵，仍刻像於陵之內。他認為只有神鳥才有資格供奉皇帝。充分體現出了高宗對其父皇的仁孝之舉。

唐自乾陵始，諸陵神道皆置駝鳥。武則天則視駝鳥為「聖君世」、「祥瑞出」的珍異。在唐陵的石刻群中，駝鳥皆為高浮雕，並將其設計成足踏仙山的姿態。北京大學考古文博學院沈睿文教授認為：駝鳥與翼馬、犀牛皆可理解為表現「懷遠」。它們在神道前共同構成一個出行的祥瑞組合。

三、翼馬，即傳說中「從西極，陟流沙」而來的「天馬」，也有學者認為是「龍馬」。翼馬頭上有角，兩脅有翼，翼上刻有忍冬花紋，可憑借翅膀而天

上人間。在漢代，曾稱西域及中亞地區的良馬為「天馬」。自晉以來，天馬被視為祥瑞的化身，以示明君盛世。陵墓前置翼馬始於唐乾陵，並於腹下雕刻雲柱。

翼馬作為外交活動的紀念物，最終形成了盛唐時期文化「一體兩翼」的格局。即以中國文化為「一體」，以西方國家文化及周邊民族文化為「兩翼」。

四、犀牛，屬於嘉瑞動物，被古人視作神異。漢唐時期，西域、南亞和東亞地區的國家曾將犀牛作為貢品獻於中國。《太平御覽》卷八十九載：「犀角通天，向水輒開。」郭璞註《爾雅》：「犀形似水牛，豬頭，大腹卑腳，腳有三蹄。」

縱觀華夏歷史，歷代統治者無不重視犀牛。殷周時期，以制銅犀牛為重器。西漢薄太后薨後，曾以生犀殉葬。唐太宗李世民曾將外國使者進貢的犀牛獻於太廟，並刻石置於獻陵，以表現唐高祖李淵的「懷遠之德」。

五、石虎，虎為百獸之王。墓前置石虎最早見於西漢霍去病墓和張騫墓，帝陵置石虎以西漢魏文帝陵為最早。南朝梁任昉《述異記》卷上載：「漢中山有虎生角，道家云，虎千年則牙蛻而生角。」事實上，漢魏兩晉南北朝陵前的天祿和辟邪就是以虎為主體的，或是以獅虎相結合的神化動物。東漢應劭《風俗通義》載：「罔象畏虎與柏，故墓前立虎與柏。」

大唐開國君主李淵祖父名諱虎，唐初諱虎為武。加之李淵又標榜自己承繼「祖德」，年號武德，實為虎德。高祖駕崩，葬獻陵，故以石虎作獻陵門獸。

六、石獅，獅子，古稱狻麑，或狻猊。《爾雅》：「狻猊如䖵貓，食虎豹。」註：「即獅子也，出西域。」《穆天子傳》：「狻猊日走五百里。」

獅子原產非洲和西亞，當地人視獅子為神獸。在神話中，埃及的獅子被用作聖地的守衛。東漢時期，域外將其作為貢品運到中國。自東漢以來，就有以獅子或獅形石獸裝飾陵寢。陵前置石獅以示皇權至上。

帝陵置石獅以北魏孝莊帝靜陵為最早。到了南朝，人臣墓置石獅，帝陵則置天祿、辟邪。

在唐代，獅子被視為「拉虎吞貔，裂犀分象」的神獸。貞觀九年（635），康居國進貢獅子，唐太宗特命秘書監虞世南作〈獅子賦〉。又命閻立本為獅子寫生。

獅子被視為獸中之王。用作佛前守護，最早見於佛教雕刻。釋迦牟尼自稱「人中獅子」，佛床稱為「獅子床」，佛最上首的文珠菩薩，也是騎著獅子。

唐自乾陵始，諸陵四門各置石獅一對，左牡右牝，牡獅卷鬣閉口，牝獅披鬣張口。石獅雄踞陵前，威視神道（或稱禦道、司馬道），既增添了墓中人曾君臨天下的氣勢，又給陵園籠罩了一層神聖、尊嚴和凜然不可侵犯的氣氛。從而喧染了帝陵的威勢和大唐帝國的強盛。

七、獬豸，也稱解廌，或解豸，又稱直辨獸、觸邪。是中國古代傳說中的上古神獸，體形大者如牛，小者如羊，類似麒麟，全身長著濃密黝黑的毛，雙目明亮有神，額上通常長一角，俗稱獨角獸。考古發現，秦代之前的獬豸都是一角羊造型，牛形獬豸則出現在東漢之後。

關於獬豸，東漢楊孚《異物誌》載：「性別曲直。見人鬥，觸不直者。聞人爭，咋不正者。」東漢王充《論衡》：「一角之羊也，性知有罪。 陶治獄，其罪疑者，令羊觸之，有罪則觸，無罪則不觸。故 陶敬羊。」 陶被奉為中國司法鼻祖，決獄果敢，執法公正。遇到曲直難斷的情況，便放出獨角神羊，依據獬豸是否頂觸來判定是否有罪。

作為中國傳統法律的象徵，獬豸一直受到歷朝的推崇。相傳在春秋戰國時期，楚文王曾獲一獬豸，照其形製成冠戴於頭上，於是上行下效，獬豸冠在楚國成為時尚。秦代執法御史也帶著這種冠，漢承秦制。到了東漢時期， 陶像與獬豸圖成了衙門中不可缺少的飾品，廷尉、禦吏等都帶獬豸冠。而獬豸冠則被冠以法冠之名，法官也因此被稱為獬豸，到了清代，御史和按察使等監察司法官員都一律戴獬豸冠，穿繡有「獬豸」圖案的補服。

獬豸形象是蒙昧時代以神判法的遺跡。獬豸與法的不解之結，還可從古代「法」字的結構得到解答，古體的「法」字寫作**灋**，而「廌」即為「獬豸」，「廌法」二字合為一體，取其公正不阿之意，所以從水，取法平如水之意。

清代孫楷《秦會要訂補》卷十四記載：「侍御史冠獬豸冠」。《隋書‧禮儀誌》載：「法冠，一名獬豸冠，鐵為柱，其上施珠兩枚，為獬豸角形。法官服之。」庾信《正旦上司憲府》詩中就有「蒼鷹下獄吏，獬豸飾刑官」的句子。唐人岑參《送韋侍禦歸京》詩中有：「聞欲朝龍闕，應須拂豸冠。」

獬豸不但是執法公正的化身，而且還是完美騎士的代表。

八、仗馬，是宮廷儀仗的一個重要部分。西漢司馬遷《史記‧平準書》載：「在天莫如龍，在地莫如馬。」《後漢書》卷二十四載：馬是「甲兵之本，國之大用。安寧則以別尊卑之序，有變則一濟遠近之難。」商周時代，就

有以真車真馬為死者殉葬的習俗，後以車馬俑取而代之。墓前置石馬最早當屬西漢霍去病墓。帝陵置石馬，有可能始於東漢光武帝原陵。唐陵除獻陵外，諸陵均置仗馬及馭手。宋明清沿襲，但其仗馬數量、馬飾及馭手則有所不同。帝陵神道置仗馬可能是象徵馬隊，也可能象徵大朝會的儀衛。

神道仗馬置數為十，可能與「十驥」之說有關。《唐會要》卷七十二載：「貞觀二十一年八月十七日，骨利幹遣使朝貢，獻良馬百匹，其中十四尤駿。太宗奇之，各為制名，號曰十驥。其一曰騰雲白，二曰皎雪驄，三曰凝露白，四曰元光驄，五曰決波瑜，六曰飛霞驃，七曰發電赤，八曰流金騧。九曰翔麟紫，十曰奔虹赤。上乃敘其事曰：骨利幹獻馬十四，特異常倫。觀其骨大叢粗，鬣高意闊，眼如懸鏡，頭若側磚。腿像鹿而差圓，頸比鳳而增細。後橋之下，促骨起而成峰；側轅之間，長筋密而如瓣……」

唐長安城歷來就有玄武門屯兵的傳統。玄武門置仗馬，猶如禁苑玄武門的飛騎。仗馬取數為六，似與漢魏以來「天子駕六」制度有關。《通典》載：「昔人皇乘雲駕六羽出谷。」唐人杜牧〈長安晴望〉詩：「翠屏山對鳳城開，碧落搖光霽後來；回識六龍巡幸處，飛煙閑繞望春臺。」

九、石人，帝陵列置石人以北魏孝宣帝景陵和西魏文帝永陵為最早。唐陵列置石人始於乾陵。《唐會要》卷二十五載：「文武官行立班序，通乾觀象門外序班，武次於文，至宣政門。文由東門而入，武由西門而入，至閣門亦如之。其退朝，並從宣政西門而出。」帝陵置石人不僅僅是皇宮儀衛，而且也是文武百官或者被視作百官衙署的象徵。

唐自泰陵始，石人有文、武之分：文臣頭戴高山冠，身著廣袖大袍，手持笏板；武將頭戴鶡冠，身著裲襠，雙手拄劍。這十對石人不僅文武各半，而且左文武右班列，此與唐朝「朝日」的禮儀相吻合。

帝陵列置石人取數為二十，似與當時的儀制有關。唐初，天子廟社門、宮殿門每門各列二十四戟，玄宗開元六年（718），改天子廟社門、宮殿門每門各列二十戟。二十當為最高皇宮儀衛。

十、昭陵六駿，是唐太宗李世民在初唐征戰群雄的統一戰爭中所乘的六匹戰馬的寫實性石雕。除兩駿流落國外（美國費城賓夕法尼亞大學博物館），其餘四駿現存西安碑林博物館。

貞觀十年（636），文德皇后入葬後，李世民為了彰顯其橫掃群雄的絕世武功，詔令閻立本繪制六駿形象，自己則親撰銘贊，歐陽詢書丹，並由工匠鐫

刻。

　　昭陵六駿採用高肉浮雕手法，分別雕刻在六塊石屏上。並置於昭陵北司馬門內寢殿前的白石臺階之上。後代整修時將其移置於東、西兩廡，將特勒驃、青騅、什伐赤依次置於東廡，將颯露紫、拳毛騧、白蹄烏依此置於西廡。昭陵六駿屬於門仗之馬，含有紀念和警示之意。

　　十一、述聖紀碑，位於乾陵朱雀門西闕樓之前。其身由七塊巨石組合而成：碑身為五塊，有榫扣接；碑頂一塊，廡殿式頂蓋；下方西南和東南角各雕刻一蹲踞力士。碑座一塊，雕有獬豸及蔓草花紋，當地稱為「七節碑」。其節數取自於「七曜」，即日、月、金、木、水、火、土，意為唐高宗「文治武功」如七曜光照天下。

　　據《來齋金石刻考略》載：述聖紀碑碑文為武則天親撰，中宗李顯書丹。文字初刻時「填以金屑」，可謂金光閃閃，據說這樣做的目的是為了光耀千秋。

　　述聖紀碑具有很高的歷史價值和藝術價值。

　　十二、無字碑，位於乾陵朱雀門東闕樓前。由一塊完整的巨石雕成，重約百餘噸。碑首刻有八條纏繞的螭龍 碑身兩側線雕大雲龍紋，謂之「升龍圖」。意即皇帝功高德大。整個無字碑渾然一體，為歷代群碑之冠。

　　無字碑因其無「字」而著稱。千百年來，猜測紛紜。宋金元後，遊人吟詠詩篇刊刻其上。題刻者凡三十九人，共計四十二段，其中：陽面三十三段，陰面九段，起於宋，終於明。

　　據文獻記載，在唐十八陵中置無字碑僅有兩通，一通在乾陵，一通在定陵，二者形制相仿。惜定陵之碑毀於文革年代。

　　十三、蕃臣像，或稱蕃酋像。王子雲先生稱其為客使像；劉慶柱、李毓芳稱昭陵為蕃君長像，乾陵為蕃臣曾侍軒禁者群像，定、泰、崇、莊、簡諸陵為蕃民像；劉隨群稱崇陵為祭壇石人。在古代陵墓石刻中列置蕃臣像最早者當為西漢霍去病墓。將這些蕃臣像列置陵前，以助威儀；或者以此來裝飾陵墓，讓其服侍死者。

　　在昭陵十四尊蕃君長石像中也含有「為先君所擒伏者」之意。乾陵六十尊（一說六十四尊）王賓像約建於神龍元年（705）前後。崇陵蕃臣像的服飾與南亞國家和地區的服飾有關。似為友好國家和地區的使者。具有積極的政治意義。

　　需要強調的是，在唐陵的蕃臣像中，更重要的是臣服者和受寵者。守陵護墓，既反映了皇帝生前之儀衛，也反映了唐朝多民族統一國家的政治生活。

　　本書分正、副兩編。正編內容包括：唐高祖李淵獻陵、唐太宗李世民昭陵、唐高宗李治乾陵、唐中宗李顯定陵、唐睿宗李旦橋陵、唐玄宗李隆基泰陵、唐肅宗李亨建陵、唐代宗李豫元陵、唐德宗李適崇陵、唐順宗李誦豐陵、唐憲宗李純景陵、唐穆宗李恒光陵、唐敬宗李湛莊陵、唐文宗李昂章陵、唐武宗李炎端陵、唐宣宗李忱貞陵、唐懿宗李漼簡陵、唐僖宗李儇靖陵、唐昭宗李曄和陵、唐哀帝李柷溫陵等二十座帝陵石刻遺存；副編內容包括：唐獻祖李熙建初陵及唐懿祖李天賜啟運二陵、唐太祖李虎永康陵、唐世祖李昞興寧陵、孝敬皇帝李弘恭陵、孝明高皇帝武士彠昊陵、孝明高皇后楊氏順陵、讓皇帝李憲惠陵等八座追封的祖陵及帝陵石刻遺存。

　　為了滿足不同階層人士欣賞和借鑒的需要，在每座陵中，所拍照片包括全景、遠景、中景、近景及局部特寫。

唐代皇帝世系表

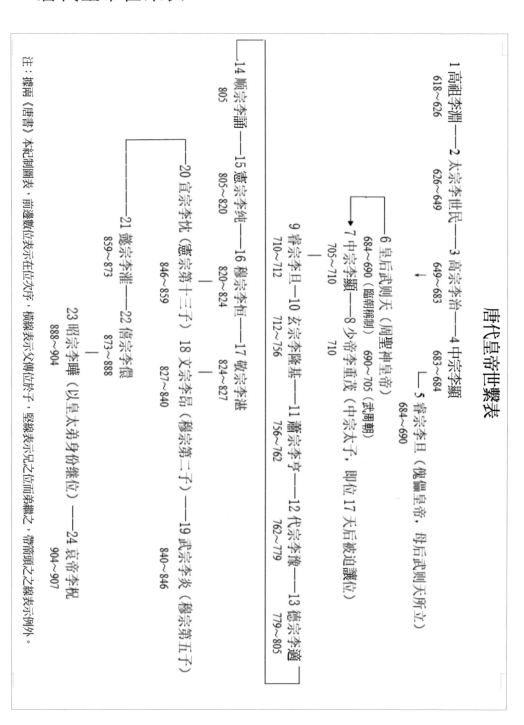

唐代皇帝世系表

1 高祖李淵 618～626 —— 2 太宗李世民 626～649 —— 3 高宗李治 649～683 —— 4 中宗李顯 683～684

5 睿宗李旦（傀儡皇帝，母后武則天所立）684～690

6 皇后武則天（周聖神皇帝）（臨朝稱制）684～690 690～705（武周朝）

7 中宗李顯 705～710 —— 8 少帝李重茂（中宗太子，即位 17 天后被迫讓位）710

9 睿宗李旦 710～712 —— 10 玄宗李隆基 712～756 —— 11 肅宗李亨 756～762 —— 12 代宗李豫 762～779 —— 13 德宗李适 779～805

14 順宗李誦 805 —— 15 憲宗李純 805～820 —— 16 穆宗李恒 820～824 —— 17 敬宗李湛 824～827

18 文宗李昂（穆宗第二子）827～840

19 武宗李炎（穆宗第五子）840～846

20 宣宗李忱（憲宗第十三子）846～859 —— 21 懿宗李漼 859～873 —— 22 僖宗李儇 873～888

23 昭宗李曄（以皇太弟身份繼位）888～904 —— 24 哀帝李柷 904～907

注：據兩《唐書》本紀制圖表，前邊數位表示在位次序，標線表示父傳位於子，堅線表示兄之位而弟繼之，帶箭頭之之線表示例外。

劉向陽 提供

唐十八陵分布圖

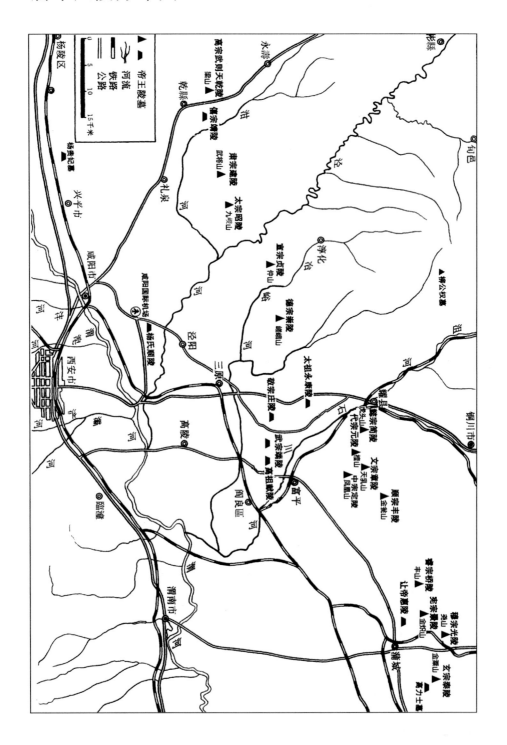

馬永軍 繪製

唐陵基本結構圖

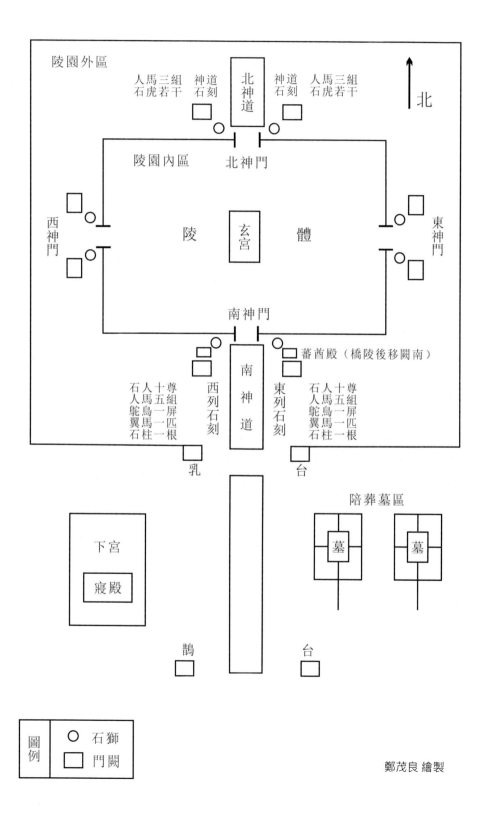

鄭茂良 繪製

唐乾陵古建築分布示意圖

唐乾陵

乾陵是唐高宗李治與中國歷史上唯一的女皇帝武則天的合葬陵，位于陝西乾縣城北六公裏處的梁山上，距古都西安七十六公裏，一九六一年三月，國務院公布爲第一批全國重點文物保護單位。

梁山三峰聳立，峥嵘峭拔，北峰高踞，海拔一千零四十七點三米，玄宮即鑿建其中。據文獻記載，乾陵「周八十里」，陵園仿唐長安城格局營造，分爲皇城、宮城和外廓城，城内有獻殿、偏房、回廊、闕樓、碑亭、祠堂、下宮等輝煌建築群多處。唐德宗貞元十四年，乾陵造屋三百七十八間。據文物工作者勘查，陵園各主體建築遺址尚存。内城四門外分布有高大雄渾、精美絕倫的大型石雕刻一百二十餘件，被譽爲「盛唐石刻藝術的露天展覽館」。

劉向陽 提供

唐陵地表文物現狀示意圖

鄭茂良 繪製

▲ 1.獻陵地表文物現狀示意圖

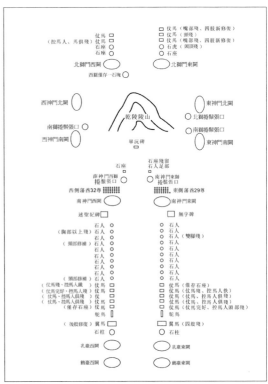

▲ 3.乾陵地表文物現狀示意圖

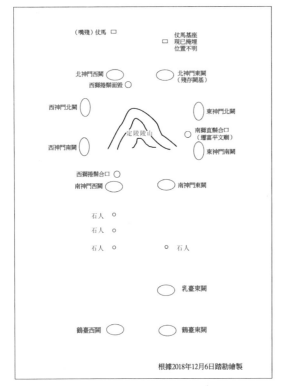

▲ 4.定陵地表文物現狀示意圖

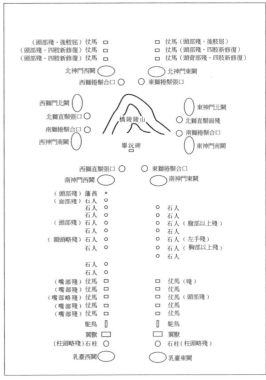

▲ 5.橋陵地表文物現狀示意圖

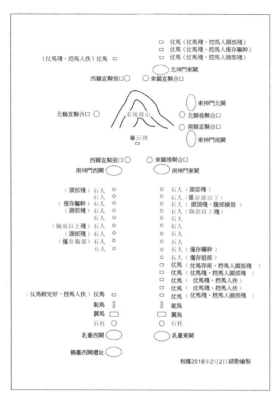

▲ 6.泰陵地表文物現狀示意圖

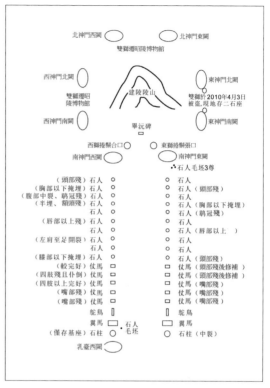

▲ 7.建陵地表文物現狀示意圖

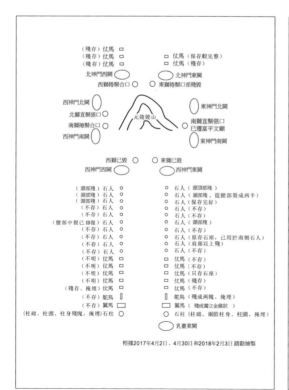

▲ 8.元陵地表文物現狀示意圖

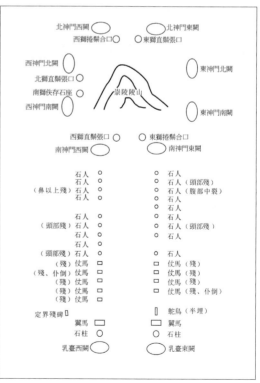

▲ 9.崇陵地表文物現狀示意圖

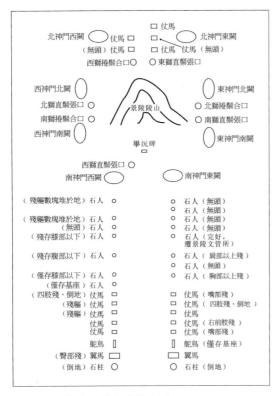

▲ 11.景陵地表文物現狀示意圖

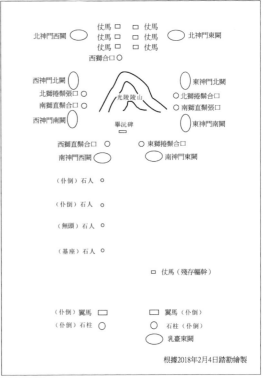

▲ 12.光陵地表文物現狀示意圖

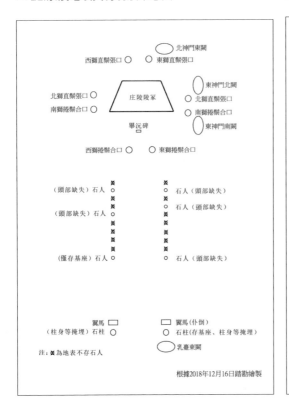

▲ 13.莊陵地表文物現狀示意圖

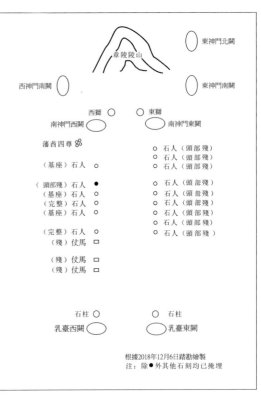

▲ 14.章陵地表文物現狀示意圖

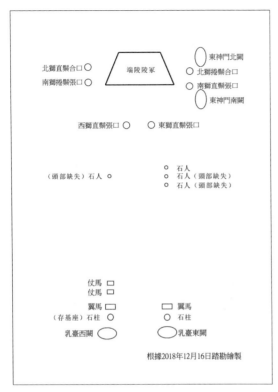

▲15.端陵地表文物現狀示意圖

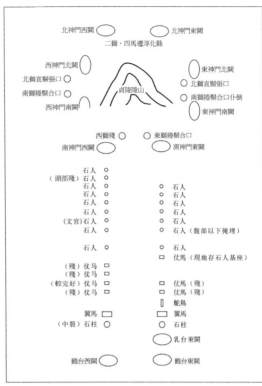

▲16.貞陵地表文物現狀示意圖

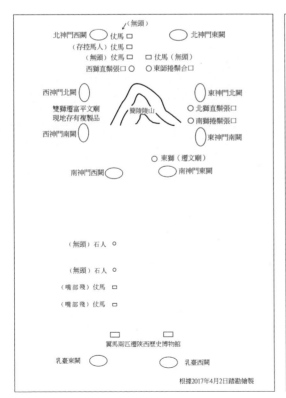

▲17.簡陵地表文物現狀示意圖

▲18.靖陵地表文物現狀示意圖

唐陵四門穿越軌跡圖

鄭茂良 繪製

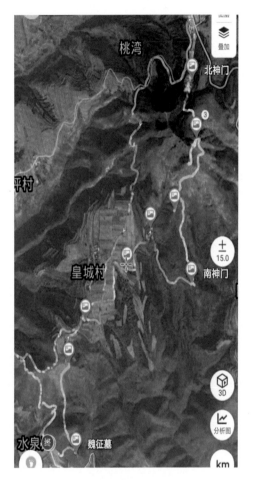

▲ 2.昭陵四門穿越軌跡圖　　　　　　　　　▲ 3.乾陵四門穿越軌跡圖

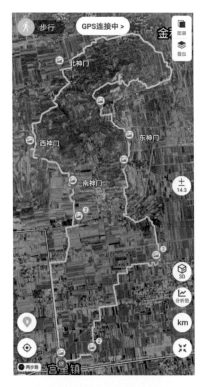

▲4.定陵四門穿越軌跡圖

▲5.橋陵四門穿越軌跡圖

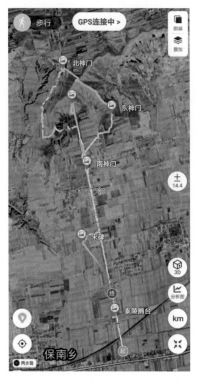

▲6.泰陵四門穿越軌跡圖

▲7.建陵四門穿越軌跡圖

▲ 8.元陵四門穿越軌跡圖

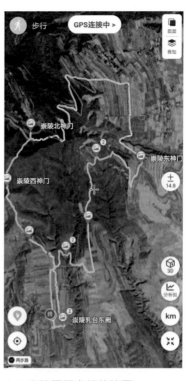

▲ 9.崇陵四門穿越軌跡圖

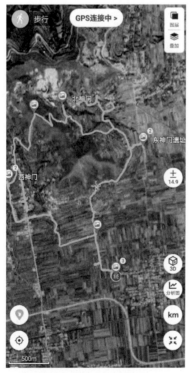

▲ 10.豐陵四門穿越軌跡圖

▲ 11.景陵四門穿越軌跡圖

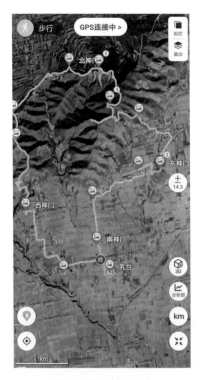

▲12.光陵四門穿越軌跡圖

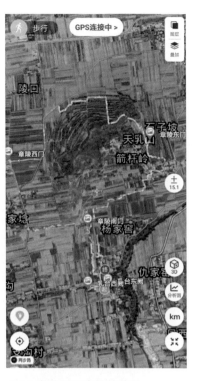

▲14.章陵四門穿越軌跡圖

▲16.貞陵四門穿越軌跡圖

▲17.簡陵四門穿越軌跡圖

正　編
唐代帝陵石刻遺存

一 唐高祖獻陵

　　獻陵位於陝西三原縣徐木鄉永和村東北徐木原，唐屬雍州池陽縣萬壽原。1956年8月6日，陝西省公佈為第一批陝西省重點文物保護單位；2001年6月25日，國務院公佈為第五批全國重點文物保護單位。

　　墓主李淵（566—635），字叔德，唐國公李昞長子，唐朝開國皇帝。祖籍隴西成紀（今甘肅秦安縣），一說隴西狄道（今甘肅臨洮縣）。十六國時西涼太祖武昭王李暠之後。因受其姨夫隋文帝及姨母文獻皇后的垂愛，出為隋文帝貼身保鏢，歷任滎陽（今河南滎陽市）郡及樓煩（今山西靜樂縣）郡太守。大業九年（613），遷衛尉少卿。隋煬帝第二次征討高麗時，在懷遠鎮負責督運糧草。大業十一年（615），率兵擊破毋端兒起義軍，翌年率兵抵禦突厥，屢傳大捷。大業十三年（617），任太原留守兼晉陽宮監。藉故殺死太原副留守王威、高君雅。在長子李建成、次子李世民及長女平陽公主的駙馬柴紹的支持下，起兵反隋。建立大將軍府，開府置幕僚。帶領李建成、李世民等率兵南下，攻克霍邑（今山西霍州），斬宋老生。十一月攻克長安，同月十五日，擁立隋煬帝之孫代王楊侑為帝，改元義寧，遙尊隋煬帝為太上皇。數天後，李淵以楊侑名義自加假黃鉞、使持節、大都督內外諸軍事、尚書令、大丞相，晉封唐王，徙趙國公，並以武德殿為丞相府，總覽朝政。義寧二年（618）五月二十日，李淵逼隋恭帝楊侑禪位，遂建立唐朝，年號武德，定都長安（今陝西西安市）。

　　武德九年（626）六月初四，秦王李世民發動「玄武門兵變」，逼其退位，在位八年零三個月。貞觀九年（635）五月初六，駕崩於長安城太安宮垂拱前殿，享年七十歲，有二十二子十九女。李世民以攝司空高士廉在萬壽原營山陵，房玄齡護山陵制度。廟號高祖，陵號獻陵。十月二十七日，葬高祖於獻陵。太宗朝諡太武皇帝，高宗朝改上尊號神堯皇帝，玄宗朝再改上尊號神堯大聖皇帝、神堯大聖大光孝皇帝。

　　徐木原海拔362—700米，陵墓於徐木原東西居中位置，陵區地貌呈階梯狀遞降，東經109º08'，北緯34º42'。堆土成陵，封域二十里，下宮去陵五里。陵東7.5公里處為漢高祖劉邦之父劉煓的萬年陵，陵西4公里處為唐朝第十五位皇帝武宗李炎端陵，陵北18公里處為唐朝第四位皇帝中宗李顯定陵。獻陵坐北向南，陵塚呈覆斗形，高19米，夯土而築，層次分明。陵臺底部東西長150米，南北寬120米；頂部東西長30米，南北寬10米。

　　陵園平面圖略呈方形，東西長781米，南北寬710米。內城城垣東西長467米，南北寬470米。四面城垣各闢一門，東為青龍門（或稱東華門）、西為白虎門（或稱西華門），南為朱雀門，北為玄武門。城垣四角築闕樓。朱雀門外設神道，全長576米，寬39.5米，兩側列置大型石刻：

　　石柱一對，由礎石、石座、柱身、頂蓋組成。兩者相距39米。東側通高7.23米，頂蓋為八稜形狀，上置小蹲獅1尊，圓雕。柱身呈八稜面，每面最寬處為0.45米，線刻植物花紋；石座四面線雕花紋，座上浮雕兩條螭龍，首尾環接，中鑿一卯。西側柱頂殘損，柱身及柱頂均已殘埋，地面僅存礎石一方。

　　石犀二尊，位於石柱北70米處。東側身高2.12米，體長3.35米。體態碩大，生動形象，獨角瞋目，作行走狀，體飾麟紋，在右前爪底板上刻有銘文，已漶泐，殘存「□（高）祖懷□（遠）之德」字樣。石犀四爪與石座連為一體，於1960年移至西安碑林博物館保存展出。西側石犀已掩埋地下。

　　石虎五尊，其中三殘一埋一遷。神道東側身高1.70米，體長2.38米，胸寬1.00米。石座長2.20米，寬1.15米，厚0.30米；礎座長3.30米，寬1.70米，厚0.35米。虎爪與石座連為一體，頸下刻有年代及石匠銘文一段。西側完好無損，於1959年遷至西安碑林博物館保存展出。

　　墓前豎祭陵碑一通。係清康熙二十七年（1688）十二月十七日，康熙遣鴻臚寺卿劉楷祭祀獻陵，碑高3.35米，寬0.85米，厚0.20米，文字漫漶不清。

　　另有石佛殿一座，位於獻陵封土堆東北約600米處，乃貞觀十三年（639），陵邑中郎將齊士員為太武皇帝、太穆皇后祈福所造。

　　關於獻陵陪葬墓，《唐會要》記為二十五座，《長安誌》記為二十三座，據2011年陝西省考古研究院考古調查，已確認有九十三座。其中諸王墓十六座，楚國太妃萬氏墓一座、館陶公主墓一座，及大臣墓七座。經考古發掘證實，有李淵第十五子虢王李鳳墓、李淵第六女房陵大長公主墓、李淵第十二子彭王李元則墓，以及榮國公樊興墓。其中遭到破壞及搶修發掘八座。

▲ 1. 獻陵封土堆

▲ 2. 清康熙年間鴻臚
寺卿劉楷祭祀碑

▲ 3. 陝西省人民政府文物保護碑

▲ 6. 獻陵神道東側石柱
柱身線刻花紋

▲ 5. 獻陵神道東側石柱

▲ 4. 獻陵神道東側柱礎

▲ 7. 獻陵神道東側石柱
柱頂

▲ 8. 獻陵神道西側石柱柱座

▲ 13.14. 獻陵神道東側石虎

▲ 9.10. 獻陵白虎門南側石虎

▲ 15.16. 獻陵神道東側石虎

▲ 11. 獻陵白虎門北側石虎(正面)

◀17.18.19. 獻陵神道
東側石虎(局部)

▲ 12. 獻陵白虎門北側石虎(側面)

◀23. 獻陵玄武門東側石虎礎座

▲ 20. 獻陵神道西側石虎(現存西安碑林博物館)

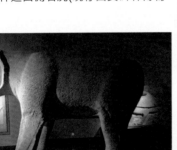

◀24. 獻陵玄武門西側石虎

◀25. 獻陵神道東側石犀(現存西安碑林博物館)

◀26. 獻陵神道東側石犀(局部)

▲ 21.22. 獻陵神道西側石虎

▲ 27. 陵邑中郎將齊士員所造石佛殿

▲ 28. 陵邑中郎將齊士員所造石佛殿石佛像

▲29. 陵邑中郎將齊士員所造石佛殿殿頂

二 唐太宗昭陵

　　昭陵是唐太宗李世民與長孫皇后的合葬陵寢。位於陝西禮泉縣昭陵鄉皇城村九嵕山主峰，東經108°28'，北緯34°38'。1956年8月6日，陝西省公佈為第一批陝西省重點文物保護單位；1961年3月4日，國務院公佈為第一批全國重點文物保護單位。

　　墓主李世民（599—649），唐高祖李淵次子，繼高祖為唐朝第二位皇帝。隋開皇十八年（599）十二月十六日生於武功（今陝西武功縣）別館，母太穆順聖皇后竇氏。李唐王朝建立後，任尚書令，晉封秦王，加授雍州牧。率兵四處征戰，同時廣開文學館，為李唐政權吸納人才。就皇位繼承權問題，太子李建成聯手齊王李元吉與秦王李世民之間展開了殊死搏鬥，逼迫李世民於武德九年（626）六月初四發動「玄武門兵變」，射殺李建成和齊王李元吉。李淵冊立李世民為皇太子。八月初九，二十九歲的李世民於東宮顯德殿即位，冊立妃長孫氏為皇后，冊立李承乾為皇太子。翌年改元貞觀。執政期間，任用魏徵、房玄齡、杜如晦等賢良，虛懷納諫，勵精圖治，並進行了一系列的政治和軍事改革，發展科舉，提倡興學，興修水利，開創了歷史上的「貞觀之治」。因食金丹，貞觀二十三年（649）五月二十六日，於終南山翠微宮含風殿駕崩，享年五十二歲。有十四子二十一女，在位二十三年零八個月。年號貞觀，廟號太宗，陵號昭陵，高宗朝謚文皇帝、文武聖皇帝，玄宗朝改謚文武大聖皇帝、文武大聖大廣孝皇帝。八月十八日，葬太宗於京兆禮泉縣九嵕山昭陵。

　　九嵕山主峰海拔1224.9米，高聳挺拔，氣勢雄偉，兩側溝壑縱橫，為李世民生前選定。貞觀十年（636），以太尉長孫無忌為山陵使、中書令崔敦禮為山陵鹵簿、司空閻立德共同營護山陵。翌年，李世民下詔：「功臣密戚，德業佐時者，賜給墳塋。」至貞觀二十三年（626）太宗入葬，歷時十三年。

　　昭陵因山為陵。封域一百二十里，下宮去陵五里（今皇城村）。貞元十年

（794），下宮移至瑤光臺（今皇坪村一帶），去陵十八里。築有城垣，城垣四面各闢一門，東為青龍門、西為白虎門，南為朱雀門，北為玄武門。城垣四角築闕樓。陵園東西長15450米，南北寬12650米。

昭陵北闕祭壇設置十四國蕃君長像，《唐會要》卷二十〈陵議〉載：「上欲闡揚先帝徽烈，乃令匠人琢石，寫諸蕃君長。貞觀中擒伏歸化者形狀。而刻其官名：突厥頡利可汗右衛大將軍阿史那出苾、突厥頡利可汗右衛大將軍阿史那什缽苾、突厥乙彌泥孰候利苾可汗右武衛大將軍阿史那李思摩、突厥都布可汗右衛大將軍阿史那社爾、薛延陀真珠毘伽可汗、吐蕃贊普、新羅樂浪郡王金貞德、吐谷渾河源郡王烏地也拔勒豆可汗慕容諾曷缽、龜茲王訶黎布失畢、于闐王伏闍信焉耆王龍突騎支、高昌王左武衛將軍麴智盛、林邑王范頭黎、帝那伏帝國王阿羅那順等十四人。列於陵司馬北門內，九嵕山之陰。以旌武功。」清人林侗《唐昭陵石跡考略》云：諸石像高九尺，座高三尺許，皆深目大鼻，弓刀雜佩。現僅存殘軀7具，像座7件，座上刻有蕃君長之名。另外，東、西廡石駿六匹。自南而北，東廡依次為特勒驃、青騅、什伐赤，西廡依次為颯露紫、拳毛騧、白蹄烏，分別雕刻在高1.71米、寬2.05米、厚0.35米的青石屏上，西廡三駿在石屏的右上角、東廡三駿在左上角分別鑴有唐太宗李世民自題四言贊美詩，由唐代大書法家歐陽詢隸書書寫。現已字跡漫漶，不可辨認，《全唐文》卷十載其詩。特勒驃、颯露紫及拳毛騧呈站立狀，青騅、什伐赤及白蹄烏作奔馳狀。姿態各異，形象逼真。其中特勒驃、青騅、什伐赤、白蹄烏已遷西安碑林博物館保存。颯露紫、拳毛騧2駿失竊，現存美國費城賓西法尼亞大學考古與人類學博物館。

關於昭陵陪葬墓，從貞觀十一年（637）至開元二十五年（737）五月二十九日，李承乾與妃蘇氏、子孫六人陪葬昭陵，為最後一批陪葬昭陵的人。在這百餘年間，昭陵陪葬墓約有二百餘座，呈扇形分佈於主陵的東南方向，主要有皇室宗親、嬪妃、功臣、文士及少數民族首領等。在這些陪葬墓中，可以確定墓主身份的有：韋貴妃墓、燕妃墓、李世民第五女長樂公主李麗質墓、李世民第十一女臨川公主李孟姜墓、李世民第二十一女新城公主墓、侍中鄭國公魏徵墓、開府儀同三司尚書右僕射申國公高士廉墓、司空梁國公房玄齡墓、李世民第十九女蘭陵公主李麗貞墓、司空兵部尚書太子太師英國公李勣墓、開府儀同三司鄂國公尉遲敬德墓等六十二座。

◀2.3. 昭陵十四蕃君長之一　李浪濤 攝

▲ 1. 昭陵陵山九嵕山

▲ 4. 昭陵十四蕃君長
之二(正面) 李浪濤 攝

▲ 5. 昭陵十四蕃君長之
三(背面) 李浪濤 攝

▲ 6. 昭陵十四蕃君長之四(正面)
李浪濤 攝

▲ 7. 昭陵十四蕃君長
之四(背面)李浪濤 攝

▲ 8. 昭陵十四蕃君長之
五(正面) 李浪濤 攝

▲ 9. 昭陵十四蕃君長高昌王底座
(西側) 李浪濤 攝

▲ 10. 昭陵十四蕃君長高昌
王像座細部(西側) 李浪濤
攝

▲ 11. 昭陵十四蕃君長吐蕃贊普(松贊
干布)像座(西側) 李浪濤 攝

▲ 12. 昭陵十四蕃君長西側
吐蕃贊普像座細部(松贊干
布)(西側) 李浪濤 攝

▲ 15. 昭陵十四蕃君長焉耆
王像座(西側) 李浪濤 攝

▲ 13. 昭陵十四蕃君長薛延陀真珠毗
伽可汗像座(西側) 李浪濤 攝

▲ 14. 昭陵十四蕃君長薛延
陀真珠毗伽可汗像座細部
(西側) 李浪濤 攝

▲ 17. 昭陵十四蕃君長七間長廊原址(西側) 李浪濤 攝

▲ 16. 昭陵十四蕃君長焉耆
王像座細部(西側)李浪濤 攝

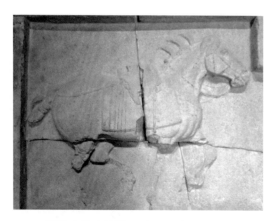

▲18. 昭陵六駿之特勤驃(北闕東廡南一現存陝西西安碑林博物館)

▲21. 昭陵六駿之颯露紫(北闕西廡南一現存美國費城賓夕法尼亞大學博物館) 周萍 攝

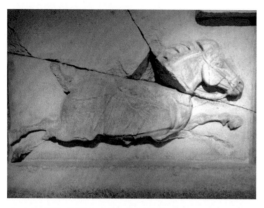

▲19. 昭陵六駿之青騅(北闕東廡南二 現存陝西西安碑林博物館)

▲22. 昭陵六駿之拳毛騧(北闕西廡南二 現存美國費城賓夕法尼亞大學博物館) 周萍 攝

▲20. 昭陵六駿之什伐赤(北闕東廡南三 現存陝西西安碑林博物

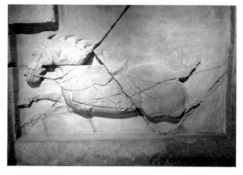

▲23. 昭陵六駿之白蹄烏(北闕西廡南三 現存陝西西安碑林博物館)

三 唐高宗乾陵

　　乾陵是唐高宗李治與大周女皇武則天的合葬陵寢，位於陝西乾縣乾陵鎮石馬道村梁山，坐北向南，東經108°13'，北緯34°34'。1956年8月6日，陝西省公佈為第一批陝西省重點文物保護單位；1961年3月4日，國務院公佈為第一批全國重點文物保護單位。

　　墓主李治（628—683），唐太宗李世民第九子。繼太宗為唐朝第三位皇帝。字為善，小字雉奴，貞觀二年（628）六月十五日生於東宮麗正殿，母文德順聖皇后長孫氏。貞觀五年（631）封為晉王，貞觀七年（633）遙授並州都督。貞觀十七年（643）三月，皇太子李承乾因謀反被廢，遂立晉王李治為皇太子。貞觀二十三年（649）五月二十六日，李世民駕崩於終南山翠微宮含風殿，六月初一，二十二歲的李治於太宗柩前即位。翌年改元永徽。自稱天皇，武則天稱天后，時人謂之「二聖」。弘道元年（683）冬月，李治身在洛陽，曾對侍臣講：「蒼生雖喜，我命危篤。天地神祇若延吾一兩月之命，得還長安，死亦無恨。」宛然有西歸之意。十二月初四，駕崩於東都洛陽真觀殿。享年五十六歲，有八子三女，在位三十四年零六個月。年號永徽、顯慶、龍朔、麟德、乾封、總章、咸亨、上元、儀鳳、調露、永隆、開耀、永淳、弘道。廟號高宗。陵號乾陵。遺詔：「七日而殯，皇太子即位於柩前。陵園制度，務從節儉。軍國大事有不決者，取天后處分。」文明元年（684）五月十五日，武后命睿宗李旦護送李治靈駕西返長安，八月十一日，葬高宗於雍州好畤縣（今陝西乾縣）之梁山。中宗朝諡天皇大帝，玄宗朝改尊天皇大聖皇帝、天皇大聖大弘孝皇帝。

　　梁山海拔1047.5米，東有豹谷，西有漠谷。南接平壤，北連丘陵，孤峰特起，俊秀挺拔。以太常少卿韋叔夏為禮儀使，霍王李元軌知山陵，攝司空、吏部尚書韋待價及戶部郎中韋泰真共同護營山陵。文明元年（684）八月十一

日，乾陵修成後，武后命侍中劉齊賢及霍王元軌知山陵葬事，為了確保地宮安全，在埏道口外塞滿石條，並在石頭縫隙中澆鑄米汁及鐵水，以固其中。

乾陵陵園平面略呈方形，東牆長1583米，西牆長1450米，南牆長1438米，北牆長1450米。四面各闢一門，分別以四神命名。城垣四隅建角樓。封域八十里，下宮去陵五里。

按照唐陵石刻組合規制，原置石刻有：四門各置石獅一對，朱雀門石柱一對，翼馬一對，駝鳥一對，仗馬五對及馭手五對，石人十對，無字碑一通，述聖紀碑一通，蕃臣像六十四尊，玄武門外仗馬三對，馭手三對，另有石虎二對，馴虎人二對。現存石刻：石柱一對，通高7.80米，直徑約1.12米，覆蓮座，八稜柱身，仰蓮寶珠頂。柱聲向上斜收，稜面最寬處0.49米，各面線刻纏枝海石榴花紋，重約40噸。

翼馬一對，位於石柱北30米處。通高3.45米，長3.53米，重約40噸。西側馬首有角，兩肋雕刻捲雲紋雙翼。東側翼馬帶有阿旃陀式雕刻風格，西側翼馬帶有犍陀羅式雕刻風格。

駝鳥一對，位於翼馬北約200米處，鏤空立體高浮雕，刀法圓潤簡潔。通高0.80米。石屏通高2.08—2.26米，寬1.64—1.73米，厚0.35—0.38米。作昂首侍立狀。駝鳥、石屏及底座由一整塊石料鑿成，重約10噸。

仗馬八匹，位於駝鳥北約18.50米處，仗馬與仗馬間隔約18米，完整者通高1.95米，長2.60米，寬0.94米，背置鞍韉，披障泥，底座長1.91米，寬0.89米，高0.26米；礎座長2.50米，寬1.50米，裸露地面高0.73米。馭手六尊，殘高1.54米，寬0.62米，均著圓領窄袖袍，束帶，佩劍及囊袋。仗馬、馭手及石座分別雕鑿，再拼合而成，總重約18噸。

石人十對，位於仗馬北約17.70米處，皆為圓雕，石人與石人南北間距18.50米。通高3.75—4.16米，胸寬1.00—1.32米，側厚0.64—0.90米。均戴束髮冠，寬袖長袍，著靴，雙手拄劍。

無字碑一通，位於石人北17.40米處，即朱雀門東闕樓前。與述聖碑東西相對，相距61.60米。由一塊完整的青色巨石雕成，碑高7.53米，寬2.10米，厚1.49米，碑座長3.37米，寬2.61米，總重約98.84噸。碑首刻有八條繞纏的螭龍垂下，碑身兩側線雕大雲龍紋，謂之「升龍圖」。意即皇帝功高德大。龍高4.12米，寬1.19米，龍頭雙角分開，後飾鬃髮，鳳目圓睛，張口吐舌，獠牙上

彎；龍頸飾幾何圖案並珍珠；龍肩飾雙條飄帶，龍軀蜿蜒騰越，背有長鰭至尾，以脊骨相間。前左爪揚伸頭後，前右爪向下反撐；後左爪上托，後右爪下蹬，鋒勁尖利，氣勢奪人。腿有鬣毛，尾呈S形從內側繞過後右腿置於身體下方。四周均雕刻立式如意雲頭，是迄今為止存世最大的升龍圖像。升龍圖可能與乾卦「九五」爻有關。《易經‧乾卦》：「九五，飛龍在天，利見大人。」釋曰：「飛龍在天，上治也。」龍飛上天，位正居中，有君德有君位，有國家有天下，是最高的統治者。後以「九五」之象借指帝王。這塊無字碑上的升龍圖，正是飛龍在天剎那間最生動最傳神的寫照具有帝王至尊的意義。蚨座陽面正中線刻獅馬圖，長2.14米，寬0.66米。圖中雄獅昂首挺立，神態威嚴。而馬俯首屈蹄，安然就食。整個無字碑渾然一體，為歷代群碑之冠。

無字碑因其無「字」而著稱。千百年來，猜測紛紜，其實，在無字碑的陽面，自上而下布滿了4.5釐米見方的格子，每行44格，共95行，根據留在碑面上的方格計算，碑文約4200字。至於為何沒刻，想必是有個中原因的。

宋金元後，遊人吟詠詩篇刊刻其上。題刻者凡39人，共計42段，其中：陽面33段，陰面9段，起於宋，終於明。

該碑題詞分記遊題詞和抒懷題詞兩大類。抒懷類最珍貴的當為刊刻在碑陽正中的〈大金皇弟都統經略郎君行記〉。用女真文寫成，共5行。旁有漢字譯文，內容為金天會十二年（1134）重修乾陵殿廡的記載。周圍有6.2釐米寬的線刻蔓草紋飾及飛獅圖案組成的邊框，高1.42米，寬0.92米，儼然是一塊碑中之「碑」。而且是居碑正面最顯著的位置，從而反映出了刊刻者的不同凡響。

在題刻上部正中間是十二個陰文篆書漢字：「大金皇弟都統經略郎君行記」，分三行豎刻，每行四字，正文右邊五行是女真文字，左邊是84字漢字楷書譯文，後面還有隨行官員及書丹者的姓名。

據文獻記載，在唐陵中列置無字碑者僅有兩通，一通在乾陵，一通在定陵，二者形體相仿。惜定陵之碑毀於文革動亂時期。

述聖紀碑一通，位於朱雀門西闕樓前。碑身斷面呈方形，邊長1.86米，碑座長寬均為2.97米，裸露地面0.38米，總重約89.60噸。其身由七塊巨石組合而成：碑身為五塊，有榫扣接；碑頂一塊，廡殿式頂蓋；下方西南和東南角各雕刻一蹲踞力士。碑座一塊，雕有獬豸及蔓草花紋，獬豸圖長2.54米，寬0.63米。當地稱為「七節碑」。其節數取自於「七曜」，即日、月、金、木、水、

火、土，意為唐高宗「文治武功」如七曜光照天下。

　　據《來齋金石刻考略》載：述聖紀碑碑文為武則天親撰，中宗李顯書丹。碑文原刻46行，豎行，每行120字，約5600字，今存1600餘字。文字初刻時「填以金屑」，可謂金光閃閃，據說這樣做的目的是為了光耀千秋。由於年代久遠，除碑身第一石無字、第四石剝蝕外，第二、三、五石陽面陰刻。原碑已撲倒，1957年扶復原位。內容主要敘述高宗李治的生平史略。從現存文字可以看出以下幾點：一、高祖李淵順天應時，叛隋興唐之舉；二、太宗李世民平定戰亂，奠定貞觀盛世之業基；三、皇后懷高祖時有吉祥之兆；四、高宗李治被立為皇太子之原因；五、敘述太宗對外戰敗後詔令高宗總知軍國事；六、太宗患病後對高宗孝行之嘉獎；七、太宗駕崩；高宗在位時之文治武功；八、高宗老來企求長生不老之術；九、高宗駕崩；十、高宗遺囑。述聖紀碑具有很高的歷史價值和藝術價值。

　　蕃臣像六十一尊，均殘，居於朱雀門闕址北18米處。東西對稱排列成兩群體，其中東群二十九尊，西群三十二尊。蕃臣像殘高1.50—1.77米，肩寬0.54—0.65米，礎座0.85—0.90米基本見方。裸露地面高0.08—0.21米。大多窄袖長袍，個別袖胡較長；有圓領、交領及大翻領；束帶，著靴，拱手並足，佩劍戴囊，或卷髮或披髮，背刻國籍、姓名及職位。

　　石獅六尊。其中：朱雀門二尊，青龍門二尊，白虎門南側一尊，玄武門西側一尊（已殘，沒入地下）。朱雀門東側獅高3.02米，寬1.40米，長2.32米，胸寬1.50米，獅座分為兩層，上座長2.35米，寬1.40米，高0.29米；下座長3.30米，寬1.65米，高1.08米。西側獅高2.77米，寬1.76米，長2.83米，胸寬1.38米。獅座分為兩層，上座長2.60米，寬1.42米，高0.29米；下座長3.33米，寬1.66米，高1.13米。

　　玄武門仗馬五匹，其中三匹俱殘；馭手一尊，已殘。東側仗馬之南石虎一尊，已殘。

　　關於乾陵陪葬墓，文獻記載不盡相同：《唐會要》記為十六座，《乾縣誌稿》記為四十一座，《文獻通考》及《關中陵墓誌》記為十七座，《長安誌》記為六座，目前，永泰公主李仙蕙墓、章懷太子李賢墓、懿德太子李重潤墓地宮對外開放。

▲ 1. 乾陵陵山梁山

▲ 2. 乾陵神道石刻

▲ 3. 乾陵畢沅碑　　　　　▲ 4. 陝西省人民政府文物保護碑

▲6. 乾陵神道東側石柱(局部)

▲8. 乾陵神道西側石柱(局部)

▲5. 乾陵神道東側石柱

▲7. 乾陵神道西側石柱

◀10. 乾陵神道東側翼馬(局部)

◀11. 乾陵神道東側翼馬(局部)

▲9. 乾陵神道東側翼馬

◀12. 乾陵神道東側翼馬(局部)

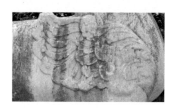

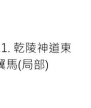

◀14. 乾陵神道西側翼馬(局部)

▲13. 乾陵神道西側翼馬

▲ 15. 乾陵神道東側鴕鳥　　　▲ 16. 乾陵神道西側鴕鳥　　　▲ 17. 乾陵神道東側南一仗馬及馭手

▲ 18. 乾陵神道東側南二仗馬及馭手　▲ 19. 乾陵神道東側南三仗　　▲ 20. 乾陵神道東側南四仗馬
　　　　　　　　　　　　　　　　　馬及馭手　　　　　　　　　及馭手

▲ 21. 乾陵神道東側南五仗馬及馭手石座　　　▲ 22. 乾陵神道西側南一仗馬及馭手石座

▲ 23. 乾陵神道西側南二仗馬及馭手　　　　▲ 24. 乾陵神道西側南三仗馬及馭手

▲ 25. 乾陵神道西側南四仗馬及馭手

▲ 26. 乾陵神道西側南五仗馬

▲ 27. 乾陵神道仗馬(局部)

▲ 28. 乾陵神道仗馬(局部)

▲ 29. 乾陵神道仗馬(局部)

▲ 30. 乾陵神道仗馬(局部)

▲ 31. 乾陵神道仗馬(局部)

▲ 32. 乾陵神道東側南一石人

▲ 33. 乾陵神道東側南二石人

▲34. 乾陵神道東側南
三石人

▲35. 乾陵神道東側南四
石人

▲36. 乾陵神道東側南
五石人

▲37. 乾陵神道東側南
六石人

▲38. 乾陵神道東側南七
石人

▲39. 乾陵神道東側南
八石人

▲40. 乾陵神道東側南
九石人

▲41. 乾陵神道東側南十
石人

▲42. 乾陵神道西側南
一石人

▲ 43. 乾陵神道西側
南二石人

▲ 44. 前陵神道西側
南三石人

▲ 45. 乾陵神道西側
南四石人

▲ 46. 乾陵神道西側
南五石人

▲ 47. 乾陵神道西側
南六石人

▲ 48. 乾陵神道西側
南七石人

▲ 49. 乾陵神道西側
南八石人

▲ 50. 乾陵神道西
側南九石人

▲ 51. 乾陵神道西側
南十石人

▲ 52. 乾陵神道石人(局部)

▲ 53. 乾陵神道石人(局部)

▲ 54. 乾陵神道石人(局部)

▲ 55. 乾陵神道石人(局部)

▲ 56. 乾陵神道石人(局部)

▲ 57. 乾陵神道石人(局部)

▲ 58. 乾陵神道石人(局部)

▲ 59. 乾陵神道石人(局部)

▲ 60. 乾陵神道石人(局部)

▲ 61. 乾陵神道石人
(局部)

▲ 62. 乾陵神道石人
(局部)

▲ 63. 乾陵神道石人
(局部)

▲ 64. 乾陵神道石人
(局部)

▲65. 乾陵神道石人(局部)

▲66. 乾陵神道石人
(局部)

▲67. 乾陵神道石人
十二(局部)

▲68. 乾陵神道石人
(局部)

▲69. 乾陵神道石人
(局部)

▲70. 乾陵神道石人(局
部)

▲71. 乾陵神道石人
(局部)

▲72. 乾陵神道石
人(局部)

▲73. 乾陵神道石人
(局部)

▲74. 乾陵神道石人
(局部)

▲75. 乾陵神道石人
(局部)

▲76. 乾陵神道石人(局部)

▲77. 乾陵神道石
人(局部)

▲81. 乾陵神道石人(局部)

▲78. 乾陵神道石人
(局部)　▲79. 乾陵神道石人
(局部)　▲80. 乾陵神道石人
(局部)

▲84. 乾陵神道東側無字碑
(局部)

▲82. 乾陵神道石人(局部)

▲88. 乾陵神道東側無字碑碑側
線刻

▲85. 乾陵神道東側無字碑
(局部)

▲87. 乾陵神道東側無字碑碑身
字刻　▲86. 乾陵神道東側無字碑
(局部)　▲83. 乾陵神道東側無字碑

▲ 89. 乾陵神道西側述聖
紀碑

▲ 90. 乾陵神道西
側述聖紀碑簷角護
法力士像

▲ 92. 乾陵神道東側蕃
酋像群

▲ 93. 乾陵神道東側蕃
酋像群

▲ 91. 乾陵神道東側蕃酋像

▲ 94. 乾陵神道東側蕃酋像

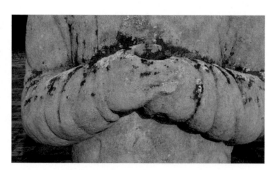

▲ 95. 乾陵神道東側
蕃酋像群

▲ 97. 乾陵神道東側蕃
酋像所佩鞶囊(局部)

▲ 96. 乾陵神道東側蕃酋像(局部)

▲99. 乾陵神道西側蕃酋像(局部)

▲98. 乾陵神道西側蕃酋像群

▲100. 乾陵神道西側蕃酋像(局部)

▲101. 乾陵青龍門石獅

▲102. 乾陵青龍門南側石獅(正側)

▲103. 乾陵青龍門南側石獅(右側)

▲105. 乾陵青龍門北側石獅(正側)

▲104. 乾陵青龍門北側石獅(前側)

▲106. 乾陵白虎門南側石獅

▲ 107. 乾陵朱雀門石獅

▲ 109. 乾陵朱雀門東側石獅
(局部)

▲ 110. 乾陵朱雀門東側石獅
(局部)

▲ 111. 乾陵朱雀門東側石獅
(局部)

▲ 108. 乾陵朱雀門東側石獅

▲ 112. 乾陵朱雀門東側石獅(局部)

▲ 113. 乾陵朱雀門東側石
獅(局部)

▲ 114. 乾陵朱雀門東側石
獅(局部)

▲ 115. 乾陵朱雀門西側石獅

◀ 116. 乾陵朱雀門西側石獅(局部)

◀ 117. 乾陵朱雀門西側石獅(局部)

▲ 118. 乾陵玄武門東側南一仗馬

▲ 119. 乾陵玄武門東側南二仗馬

▲ 120. 乾陵玄武門東側南三仗馬

▲ 121. 乾陵玄武門西側南一仗馬及馭手

▲ 123. 乾陵玄武門西側南三仗馬基址

▲ 122. 乾陵玄武門西側南二仗馬

▲ 124. 乾陵玄武門東側南一石虎(前側)

▲ 125. 乾陵玄武門東側南一石虎

▲ 126. 乾陵玄武門西側石虎基座

四 唐中宗定陵

　　定陵位於陝西富平縣宮里鎮三鳳村獅子窩鳳凰山（又稱龍泉山），東經109°08'，北緯34°52'。1956年8月6日，陝西省公佈為第一批重點文物保護單位；2001年6月25日，國務院公佈為第五批全國重點文物保護單位。

　　墓主李顯（656—710），唐高宗李治第七子，武則天所生第三子。繼高宗為唐朝第四位皇帝。顯慶二年（657）封周王，授洛州牧。儀鳳二年（677）徙封英王，改名哲，授雍州牧。永隆元年（680）八月，因太子李賢不滿武則天的言行，被武則天以「忤逆」罪廢為庶人。二十三日被冊封為皇太子。弘道元年（683）十二月初六，二十八歲的李哲於高宗柩前即位。在位時，欲以岳父、豫州刺史韋玄貞為宰相，五十五天後，被武太后廢為廬陵王。五十歲時復即帝位。與弟弟李旦是唐朝唯一兩次登基的皇帝。景龍四年（710）六月初二夜晚，因食女兒安樂公主進獻的毒餅暴崩於神龍殿。享年五十五歲。有四子八女，兩次在位五年零五個月。年號嗣聖、神龍、景龍，廟號中宗，陵號定陵，睿宗朝謐孝和皇帝，玄宗朝改尊大和大聖大昭孝皇帝。

　　鳳凰山海拔751米，陵區南北長約3100米，東西約2200米。定陵封域四十里，下宮去陵五里。陵園平面近似正方形，東西長約1250米，南北寬約1180米，城垣四面各闢一門，分別以四神命名。城垣四隅建角樓。朱雀門外設神道，全長623米。神道前建有乳臺、鵲臺。

　　按照唐陵石刻組合規制，原置石刻有：四門各置石獅一對，朱雀門石柱一對，翼馬一對，駝鳥一對，仗馬五對及馭手五對，石人十對，蕃臣像一對，無字碑一通，玄武門仗馬及馭手各三對，另有石虎二對及馴虎人二對。現存石刻：

　　石獅三尊，青龍門南側、朱雀西側、玄武門西側各一尊。通高2.40米，身長1.20—1.25米。蹲踞狀。其中青龍門石獅已遷至富平縣文廟保管。

　　石人四尊，其中東側一尊，西側三尊。通高2.90米。東側石人短鬚，穿交領右襟袍服，冠側羽翅紋寬大，頭戴鶡冠，雙手拄劍；西側石人長鬚，穿交領袍服，冠側羽翅紋細小，頭戴鶡冠，雙手拄劍。

　　玄武門仗馬一匹，位於玄武門外闕址北65米處，殘。

　　石虎一對，馴虎人一對。

　　關於陪葬墓，《唐會要》記為八座，《長安誌》記為六座，均為中宗子女如節湣太子、宜城公主、長寧公主、城安公主、定安公主、永壽公主以及駙馬王同皎等皇族成員。截至目前，可確定身份者僅有節湣太子李重俊墓。

▲ 1. 陝西省人民政府文物保護碑

▲ 2. 定陵玄武門東側仗馬基座　鄭茂良 攝

▲ 5. 定陵神道東側石人
(局部)

▲ 6. 定陵神道東側石人殘塊

▲ 3. 定陵神道東側
石人

▲ 4. 定陵神道東側
石人(正背)

▲ 7. 定陵神道西側石
人一

▲ 8. 定陵神道西側石人
二

▲ 9. 定陵神道西側石
人三

▲ 10. 定陵神道西側石人三(正側)　　▲ 11. 定陵神道西側石人三(前左側)　　▲ 12. 定陵神道西側石人三(前右側)

▲ 13. 定陵神道西側石人(局部)　　▲ 14. 定陵神道西側石人(局部)　　▲ 15. 定陵神道西側石人(局部)

▲ 16. 定陵神道西側石人(局部)　　▲ 17. 定陵神道西側石人(局部)　　▲ 18. 定陵神道西側石人(局部)　　▲ 19. 定陵神道西側石人(局部)

▲ 21. 定陵朱雀門西側石獅(局部)

◀ 20. 定陵朱雀門西側石獅

▲ 22. 定陵朱雀門西側石獅(局部)

▲ 23. 定陵朱雀門石獅(局部)

▲ 24. 定陵玄武門西側石獅(前側)

▲ 25. 定陵玄武門西側石獅(正側)

▲ 26. 定陵玄武門西側石獅爪

▲ 27. 定陵玄武門石虎及馴虎人

▲ 29. 定陵玄武門西側南三仗馬

▲ 28. 定陵蕃酋像或馭手(現遷陝西富平文廟)

五 唐睿宗橋陵

　　橋陵位於陝西蒲城縣坡頭鎮安王村豐山，東經109°28′，北緯35°59′。因山為陵。封域四十里。下宮去陵五里。1956年8月6日，陝西省公佈為第一批重點文物保護單位；2001年6月25日，國務院公佈為第五批全國重點文物保護單位。

　　墓主李旦（662—716），初名旭輪，唐高宗李治第八子。繼中宗為唐朝第五位皇帝。龍朔二年（662）六月初一生於長安蓬萊閣含涼殿，同年十一月十八日封殷王。乾封元年（666）七月徙豫王，總章二年（669）再徙冀王，上元三年（762）晉封相王，永隆二年（681）改封豫王，並改名旦。二十三歲即位，仍由武太后臨朝稱制。二十九歲被武太后降為皇嗣。四十九歲復即帝位，與哥哥李顯是唐朝唯一兩次登基的皇帝。有六子十一女，五十一歲遜位。兩次在位八年零七個月。年號文明、景雲、太極、延和。五十五歲駕崩，廟號睿宗。陵號橋陵。玄宗朝謚大聖貞皇帝，同時改蒲城縣為奉先縣。天寶八載（749），增謚為玄貞大聖皇帝，天寶十三載（754），又增謚為玄貞大聖大興孝皇帝。

　　豐山海拔751米。橋陵營建於開元四年（716）六月，李尚隱以將作少監營橋陵，封高邑縣男。（《新唐書》卷一百三十、列傳第五十五、第4499頁）、御史大夫李傑護作。陵園依山勢構築城垣，平面略呈方形。東牆長2640米，西牆長2800米，南牆長2800米，北牆因地勢複雜，走向彎曲，總長約5080米。城垣四面各闢一門，分別以四神命名。陵園四隅建角樓。朱雀門外設神道，長641米，寬110米。神道兩邊布滿石刻。

　　按照唐陵石刻組合規制，原置石刻有：四門各置石獅一對，朱雀門石柱一對，獬豸一對，駝鳥一對，仗馬五對及馭手五對，石人十對，玄武外門仗馬三對及馭手三對。現存石刻：石柱一對，其中東側柱身已殘，西側完整，通高8.64米，礎座為方形，邊長2.50米，上雕覆蓮。柱身呈八稜形，柱身高6.15米，底徑1.20米，線刻天馬行空及纏枝捲葉紋。仰蓮托寶珠頂，高2.25米。

　　獬豸一對，位於石柱北28米處。高3.08米，長3.20米，胸寬1.24米。闊

頭，額上有獨角，瞋目，犬齒微露，壯體，平背，垂尾，尾分五節；兩肋出雲紋翼翅，紋有三層，一二層為團花狀，三層為扇面狀；腹下有獨柱，上承獸體，下連石座，柱形如鼓，浮雕捲雲紋。

駝鳥一對，高浮雕，位於獬豸北28米處。身高1.96米，長2.00米，回首貼翼，行於山間，兩腿粗壯，羽毛豐滿，細密。石屏裸露地面高約0.35米。

仗馬五對，位於駝鳥北29米處。大多嘴部已殘。通高1.95米，長2.55米。四肢與底座相連。馬飾各不相同：有的額前飾錫，耳側飾鑣，有的有鞍無蹬，有的長鬃密披，有的剪鬃結花，整體裝飾華麗，似整裝待發。馭手俱無。

石人十六尊，位於仗馬北29米處。間距亦29米，其中東側七尊，西側九尊，通高3.67—4.28米不等，底座南北長1.05—1.23米，東西寬0.71—0.90米，高0.19—0.30米。頭戴鶡冠，冠前正中飾飛鷹，冠後或飾捲雲紋，冠下均施巾，身著高斜領寬袖袍，袖口下垂過膝，足蹬高頭履，雙手拄劍，劍皆入鞘，鞘分四節，劍柄端垂雙綬，環首式樣繁多。

西側蕃臣像一尊。

四門石獅八尊，除青龍門外兩石獅回首相望外，其餘均背陵蹲踞於門前。石獅距門均約4米，通高2.48—2.80米，胸寬1.15米，底座長2.05—2.15米，寬1.20—1.35米。高0.20米，座下石礎南北長3.18—3.25米，東西寬1.55—1.70米，裸露地面高0.69—0.75米。高大兇猛，牡牝分明。前肢直挺，胸肌突起。雌獅張口怒吼，雄獅裂唇露齒。肅穆威嚴，形神兼備。金字塔式的造型，是唐人崇尚力量的象徵。

玄武門外仗馬三對，皆殘。馭手俱無。除西側南數第一匹仗馬為縛尾外，其餘仗馬的形制、體量與神道仗馬無異。

墓前有清乾隆四十一年（1776）陝西巡撫畢沅書〈唐睿宗橋陵〉石碑一通，蒲城知縣馮方鄴立石。

關於橋陵陪葬墓，文獻記載各不相同：《唐會要》及《長安誌》記為八座，《關中陵墓誌》記為十二座，《文獻通考》記為九座，《蒲城縣誌》記為十三座。但可以肯定的有：肅明順聖皇后劉氏墓、昭成順聖皇后竇氏墓、睿宗賢妃王芳媚墓、睿宗次子惠莊太子李撝墓、睿宗第四子惠文太子李範墓、睿宗第五子惠宣太子李業墓、睿宗第八女金仙長公主墓、睿宗第六女涼國公主李苑墓、睿宗第四女代國公主李華墓、睿宗第七女郎國公主墓及雲麾將軍李思訓墓。

▲ 1. 橋陵陵山豐山

▲ 3. 陝西省人民政府文物保護碑

▲ 2. 橋陵畢沅碑

▲ 5. 橋陵神道東側石柱
(局部)

▲ 4. 橋陵神道東側石柱
(柱頭與柱礎為原件)

▲ 7. 橋陵神道西側石柱
(局部)

▲ 6. 橋陵神道西側石柱

▲ 8. 橋陵神道東側獬豸

▲ 9. 橋陵神道東側獬豸

▲ 10. 橋陵神道東側獬豸(局部)

▲ 11. 橋陵神道東側獬豸腹下雲紋柱

▲ 13. 橋陵神道西側獬豸

▲ 14. 橋陵神道西側獬豸(局部)

▲ 15. 橋陵神道西側獬豸腹下
雲紋柱

▲ 12. 橋陵神道西側獬豸

▲ 16. 橋陵神道東側鴕鳥　　▲ 17. 橋陵神道西側鴕鳥

▲ 18. 橋陵神道東側仗馬

▲ 20. 橋陵神道東側南一仗馬　　▲ 19. 橋陵神道東側南一仗馬

▲ 21. 橋陵神道東側南二仗馬

▲ 22. 橋陵神道東側南二仗馬

▲ 23. 橋陵神道東側南三仗馬

▲ 24. 橋陵神道東側南三仗馬

▲ 26. 橋陵神道東側南四仗馬

▲ 25. 橋陵神道東側南四仗馬

▲ 27. 橋陵神道東側南五仗馬

▲ 28. 橋陵神道東側南五仗馬

▲ 29. 橋陵神道西側仗馬

▲ 30. 橋陵神道西側南一仗馬

▲ 31. 橋陵神道西側南一仗馬

▲ 32. 橋陵神道西側南二仗馬

▲ 33. 橋陵神道西側南二仗馬

▲ 34. 橋陵神道西側南三仗馬

▲ 35. 橋陵神道西側南三仗馬

▲ 36. 橋陵神道西側南四仗馬

▲ 37. 橋陵神道西側南四仗馬

▲ 38. 橋陵神道西側南五仗馬

▲ 39. 橋陵神道西側南五仗馬

▲ 40. 橋陵神道東側石人

◀ 41. 橋陵神道東側南三石人

▲ 42. 橋陵神道東側南三石人

▲ 43. 橋陵神道東側南四石人

▲ 44. 橋陵神道東側南四石人

▲45. 橋陵神道東側　　▲46. 橋陵神道東側　　▲47. 橋陵神道東側
　南五石人　　　　　　南五石人　　　　　　南六石人

▲48. 橋陵神道東　　　▲49. 橋陵神道東　　　▲50. 橋陵神道東
　側南六石人　　　　　側南七石人　　　　　側南七石人

▲51. 乾陵神道東　　▲52. 橋陵神道東側南　▲53. 橋陵神道東側　▲54. 橋陵神道東側南
　側南八石人　　　　八石人　　　　　　　南九石人　　　　　九石人

▲ 62. 橋陵神道西側石人

▲ 55. 橋陵神道東
側石人(局部)

▲ 56. 橋陵神道東
側石人(局部)

▲ 57. 橋陵神道東
側石人(局部)

▲ 58. 橋陵神道東側
石人(局部)

▲ 59. 橋陵神道東側石人
(局部)

▲ 60. 橋陵神道東側石人
(局部)

▲ 63. 橋陵神道西側南
一石人

▲ 64. 橋陵神道西側南一
石人

▲ 61. 橋陵神道東側石人(局部)

▲ 65. 橋陵神道西側南二石人

▲ 66. 橋陵神道西側南二石人

▲ 67. 橋陵神道西側南四石人

▲ 68. 橋陵神道西側南四石人

▲ 69. 橋陵神道西側南五石人

▲ 70. 橋陵神道西側南五石人

▲ 71. 橋陵神道西側南六石人

▲ 72. 橋陵神道西側南六石人

▲ 73. 橋陵神道西側南七石人

▲ 74. 橋陵神道西側南七石人

▲ 75. 橋陵神道西側南八石人

▲ 76. 橋陵神道西側南八石人

▲ 77. 橋陵神道西側南九石人

▲ 78. 橋陵神道西側南九石人

▲ 79. 橋陵神道西側南十石人

▲ 81. 橋陵神道西側石人(局部)

▲ 83. 橋陵神道西側石人(局部)

▲ 82. 橋陵神道西側石人(局部)

▲ 84. 橋陵神道西側石人(局部)

▲ 80. 橋陵神道西側南十石人

▲ 85. 橋陵神道西側石人(局部)

▲ 86. 橋陵神道西側石人(局部)

▲ 88. 橋陵神道西側北一蕃酋像

▲ 87. 橋陵神道西側石人(局部)

▲ 89. 橋陵神道西側蕃酋像(局部)

▲ 90. 橋陵青龍門石獅

▲ 91. 橋陵青龍門南側石獅

▲ 92. 橋陵青龍門南側石獅

▲ 96. 橋陵青龍門北側石獅

▲ 93. 橋陵青龍門南側石獅

▲ 94. 橋陵青龍門
南側石獅

▲ 95. 橋陵青龍門北側
石獅

▲ 97. 橋陵青龍門北側石獅

▲ 98. 橋陵青龍門北側石獅(局部)

▲ 99. 橋陵白虎門南側石獅

▲ 100. 橋陵白虎門南側石獅

◀ 101. 橋陵白虎門北側石獅

▲ 103. 橋陵朱雀門石獅

▲ 102. 橋陵白虎門北側石獅

▲ 107. 橋陵朱雀門東側石獅(局部)

▲ 104. 橋陵朱雀門東側石獅

▲ 105. 橋陵朱雀門東側石獅

▲ 106. 橋陵朱雀門東側石獅(前側)

▲ 109. 橋陵朱雀門西側石獅

▲ 110. 橋陵朱雀門西側石獅

▲ 111. 橋陵朱雀門西側石獅(局部)

▲ 108. 橋陵朱雀門東側石獅(局部)

▲ 112. 橋陵朱雀門西側石獅(局部)

▲ 115. 橋陵玄武門東側石獅

▲ 113. 橋陵朱雀門西側石獅(局部)

▲ 114. 橋陵朱雀門西側石獅(局部)

▲ 118. 橋陵玄武門東側石獅(局部)

▲ 116. 橋陵玄武門東側石獅

▲ 117. 橋陵玄武門東側石獅

▲ 119. 橋陵玄武門東側石獅(局部)

▲ 120. 橋陵玄武門西側石獅　　▲ 121. 橋陵玄武門西側石獅　　▲ 122. 橋陵玄武門西側石獅(後左側)

◀ 123. 橋陵玄武門西側石獅(局部)

▲ 124. 橋陵玄武門東側仗馬　　▲ 125. 橋陵玄武門東側南一仗馬

▲ 126. 橋陵玄武門東側南一仗馬　　▲ 127. 橋陵玄武門東側南一仗馬　　▲ 128. 橋陵玄武門東側南二仗馬

▲ 129. 橋陵玄武門東側南二仗馬

▲ 131. 橋陵玄武門東側南二仗馬（局部）

▲ 133. 橋陵玄武門東側南三仗馬

▲ 130. 橋陵玄武門東側南二仗馬

▲ 132. 橋陵玄武門東側南三仗馬

▲ 134. 橋陵玄武門東側南三仗馬

▲ 136. 橋陵玄武門西側仗馬

▲ 135. 橋陵玄武門南三仗馬(局部)

▲ 137. 橋陵玄武門西側南一仗馬

▲ 138. 橋陵玄武門西側南一仗馬(右前側)

▲ 139. 橋陵玄武門西側南一仗馬
(左後側)

▲ 141. 橋陵玄武門西側南二仗馬

▲ 143. 橋陵玄武門西側
南二仗馬

▲ 140. 橋陵玄武門西側南二仗馬

▲ 142. 橋陵玄武門西側南二仗馬

▲ 144. 橋陵玄武門西側南二仗馬
(局部)

▲ 145. 橋陵玄武門西側
南三仗馬

▲ 146. 橋陵玄武門西側南三仗馬

▲ 147. 橋陵玄武門西側南三仗馬

▲ 148. 橋陵玄武門西側
南三仗馬(局部)

六 唐玄宗泰陵

　　泰陵位於陝西蒲城縣東北15公里處的五龍山脈金粟山西峰尖山之陽，1956年8月6日，陝西省公佈為第一批重點文物保護單位；1992年4月20日，陝西省重新公佈為重點文物保護單位；2001年6月25日，國務院公佈為第五批全國重點文物保護單位。

　　墓主李隆基（685—762），唐睿宗李旦第三子。繼睿宗為唐朝第六位皇帝。武則天垂拱元年（685）八月初五生於東都洛陽，母德妃竇氏（薨後追諡昭明順聖皇后）。性英武，善騎射。三歲時封楚王，七歲時開府置官屬，二十歲時封臨淄郡王，後兼潞州（治今山西長治）別駕。因功封為平王，並被冊立為皇太子。景雲元年（710）六月初二、先天二年（713）七月初三，李隆基兩次發動宮廷政變，先後誅殺韋黨政治集團及其姑母太平公主政治集團勢力。二十八歲即位，任用姚崇、宋璟為相，勵精圖治，開創了「開元之治」的盛世景象。天寶年間，沉溺於聲色，怠於政事，政治腐敗，於天寶十四載（755）十一月，終於釀成「安史之亂」，七十二歲奔蜀，行至馬嵬驛，龍武大將軍陳玄禮藉口誅殺楊國忠等人，逼李隆基賜楊貴妃死，太子李亨與父皇分道揚鑣，遂於寧夏靈武即位，遙尊李隆基為太上皇，在位四十四年。年號先天、開元、天寶。至德二年（757）十二月，得還長安，寶應元年（762）四月初五，駕崩於長安城西內太極宮神龍殿，享年七十八歲。有三十子二十九女。肅宗嫡長子代宗李豫以京兆尹兼御史大夫嚴武為橋道使，廣德元年（763）三月十八日，葬李隆基於同州奉先縣（今陝西蒲城縣）東北二十里之泰陵，廟號玄宗，陵號泰陵，肅宗朝尊號或諡號太上至道聖皇天帝、至道大聖大明孝皇帝。

　　泰陵海拔852米，東經109º39'，北緯35º02'，封域七十六里，下宮去陵五里。按照唐陵石刻組合規制，原置石刻有：四門各置石獅一對，朱雀門石柱一對，翼馬一對，駝鳥一對，仗馬五對及馭手五對，石人十對，蕃臣像若干，玄

武門外仗馬三對，馭手三對。現存石刻： 石柱一通，位於陵園乳臺闕址北約100米處.東側殘損，其中一段柱身撲地，殘高4.50米，直徑0.95米。頂呈仰蓮托桃形，柱身呈八稜形，上為線刻纏枝捲葉紋飾，下為覆蓮底座，其形制與橋陵同。西側柱身損毀，僅存柱頭、柱礎。

翼馬一對，位於石柱北20米處，通高2.46米，長2.73米，寬1.55米，係團塊結構，四蹄蹬地，尾尖上翹，以阿旃陀式雕刻風格於腹下鑿刻渦線弧面形狀流雲，雌馬腹下流雲的內面重疊多姿，猶如花卉簇擁。其輪廓與陰影的交界分明，帶有健陀羅式的雕刻風格。雙翼及鬃毛向後上部飄逸，作欲飛狀。兩馬相向，東雄西雌，雄馬昂首挺胸，前肢斜挺，後腿彎曲，作飛奔狀；雌馬前腿直立，後腿彎曲，尾巴呈波浪狀下垂，體態圓潤，剛柔相濟。

駝鳥一對，高浮雕。位於翼馬之北約18米處，通高1.15米，長1.50米，分別雕刻在高1.80米，寬1.79米，厚0.42米的石屏上，兩鳥羽毛豐滿，體態活躍，均回首貼翼。遠襯山巒，高低起伏。

仗馬六匹，位於鸞鳥北側約19米處，仗馬與仗馬的間隔亦19米。其中東側五匹，殘甚，馭手三尊，殘甚，殘高約1.60米，扭腰執韁，自然灑脫。西側一匹，微殘。通高1.60—1.83米，身長1.86米，寬0.68米。馭手俱無。馬皆昂首前視，神態自若，鬃毛密披，鞍韃俱全，四蹄與石座相連。控馬人均無頭，殘高約1.60米，

石人十九尊，位於仗馬北約20米處，其中東側十尊，完整者四尊；西側九尊，完整者三尊。通高2.93—3.35米。泰陵一改乾、橋、定諸陵直閣將軍模式，而按左文右武分兩行排列，每列十人，文臣持笏，武將拄劍，井然有序。文臣現存十尊，頭戴高身高山進賢冠，冠額飾小山，冠下施巾；身著寬袖長袍，袖口過膝，衣褶線痕流暢，富於質感；腰繫革帶，腹橋兩側腰帶上垂以寶珠串，粒粒可數；衣上多處飾以玉環玉佩；身後寬巾綬帶似隨風飄動；足蹬高頭履，雙手持笏拱於胸前。

蕃臣像數尊，俱殘。現遷泰陵文管所保存。

四門石獅七尊，其中白虎門南獅已佚。以內城南神門外石獅例，兩者相距20米。形體與橋陵相同，只是塊頭變小。係由整塊純色青石雕鑿而成。左牡右牝，牡牝分明，昂首挺胸，隆鼻突目；前肢斜挺，後肢彎曲；四爪鋒利，肌肉發達；脊椎粗壯，背肌突出；精巧玲瓏，圓渾壯觀。牡獅通高1.78米，長1.20

米，寬0.96米，巨頭鬃毛，利齒外露，頜下三撮長鬚，似隨風飄逸。尾巴超西盤捲，尾梢於臀下及右大腿外側飄然伸出，中間大兩邊小，壯若三束浪花。牝獅通高1.85米，長1.24米，胸寬0.96米。舌頂上頜，毛髮下垂，整梳流暢，神態安然。

玄武門外仗馬四匹，其中東側三匹，西側一匹，均殘，東側馭手三尊，俱殘。另外，發掘小石虎一尊，腿殘，現遷泰陵文管所保存。

墓前有陝西巡撫畢沅書〈唐元宗泰陵〉碑一通，上款：賜進士及第、兵部侍郎兼副都御史、陝西巡撫畢沅敬書，下款：大清乾隆歲次丙申孟秋，知蒲城縣事馮方鄴立石。丙申，即乾隆四十一年。

關於泰陵陪葬墓，《唐會要》《文獻通考》《關中陵墓誌》《蒲城縣誌》均記一座，即宦官高力士墓，位於泰陵東南2公里處，即山西村西門外路北。1999年7月至11月，陝西省考古研究所與渭南地區文管會對高力士墓進行了搶救性發掘，該墓雖經多次盜掘，仍出土粉彩泥質紅陶俑220餘件，開元通寶、乾元重寶等錢幣20餘枚以及少量遺骨。

在墓西南方，有北宋開寶六年（973）所立〈大宋新修唐玄宗皇帝廟碑銘〉一通。

▲ 1. 泰陵神道全景圖

▲ 2. 清代陝西巡撫畢沅碑

▲ 3. 陝西省人民政府文物保護碑

▲ 5. 泰陵神道東側柱頭

▲ 4. 泰陵神道東側石柱

▲ 6. 泰陵神道西側柱頭柱礎

▲ 7. 泰陵神道西側石柱
(柱頭柱礎為原件)

▲ 9. 泰陵神道東側翼馬腹下雲紋柱

▲ 8. 泰陵神道東側翼馬

▲ 10. 泰陵神道東側翼馬(局部)

▲ 11. 泰陵神道西側翼馬

▲ 14. 泰陵神道東側駝鳥

▲ 12. 泰陵神道西側翼馬腹下雲紋柱

▲ 13. 泰陵神道西側翼馬(局部)

▲ 15. 泰陵神道西側駝鳥

▲ 16. 泰陵神道東側南一仗馬及馭手

▲ 17. 泰陵神道東側南二仗馬

▲ 18. 泰陵神道東側南三仗馬

▲ 19. 泰陵神道東側南四仗馬及馭手

▲ 20. 泰陵神道東側南五馭手

▲ 21. 泰陵神道西側南一仗馬及馭手石座

▲ 22. 泰陵神道西側仗馬

▲ 23. 泰陵神道東側南一石人

▲24. 泰陵神道東側南二石人

▲25. 泰陵神道東側南三石人

▲26. 泰陵神道東側南四石人

▲27. 泰陵神道東側南五石人

▲28. 泰陵神道東側南五石人
(背部)

▲31. 泰陵神道東側南六石人

▲29. 泰陵神道東側南五石人
(局部)

▲30. 泰陵神道東側南五石人
(局部)

▲32. 泰陵神道東側石人
(局部)

▲33. 泰陵神道東側南七石人　　　▲34. 泰陵神道東側南八石人　　　▲37. 泰陵神道東側南十石人

▲36. 泰陵神道東側南九石人　　　　　▲40. 泰陵神道西側南三石人

▲35. 泰陵神道東側南八石人
(局部)

▲38. 泰陵神道西側南二
石人　　　　　　　　▲41. 泰陵神道西側南四
石人　　　　　　　　▲39. 泰陵神道西側南二石人
(局部)

▲ 42. 泰陵神道西側南
四石人(前側)

▲ 43. 泰陵神道西側南
五石人(前側)

▲ 44. 泰陵神道西側南
六石人

▲ 46. 泰陵神道西側南六石人
(局部)

▲ 45. 泰陵神道西側南六石人
(前側)

▲ 47. 泰陵神道西側南七石人

▲ 48. 泰陵神道西側南七石人
(局部)

▲ 49. 泰陵神道西側南八石人

▲ 50. 泰陵神道西側南八石人(前側)

▲ 51. 泰陵神道西側南九石人

▲ 52. 泰陵神道西側南九石人(前側)

▲ 53. 泰陵神道西側南九石人(局部)

▲ 56. 泰陵神道西側石人頭(現遷泰陵文管所)

▲ 55. 泰陵神道西側南十石人(前側)

▲ 54. 泰陵神道西側南十石人

▲ 58. 泰陵蕃臣像或仗馬馭手(現遷泰陵文管所)

▲ 57. 泰陵蕃臣像(現遷泰陵文管所)

▲ 59. 泰陵蕃臣像或仗馬馭手(現遷泰陵文管所)

▲ 60. 泰陵蕃臣像或仗馬馭手(現遷泰陵文管所)

▲ 61. 泰陵蕃臣像或仗馬馭手(現遷泰陵文管所)

▲ 62. 泰陵蕃臣像或仗馬馭手(現遷泰陵文管所)

▲ 63. 泰陵蕃臣像或仗馬馭手(現遷泰陵文管所)

▲ 64. 泰陵蕃臣像或仗馬馭手(現遷泰陵文管所)

▲ 65. 泰陵蕃臣像或仗馬馭手(現遷泰陵文管所)

▲ 66. 泰陵蕃臣像或仗馬馭手(現遷泰陵文管所)

▲ 69. 泰陵蕃臣像或仗馬馭手(現遷泰陵文管所)

▲ 67. 泰陵蕃臣像或仗馬馭手(現遷泰陵文管所)

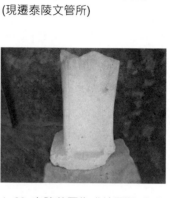

▲ 68. 泰陵蕃臣像或仗馬馭手(現遷泰陵文管所)

▲70. 泰陵蕃臣像或仗馬馭手
(現遷泰陵文管所)

▲71. 泰陵蕃臣像或
仗馬馭手(現遷泰陵
文管所)

▲72. 泰陵神道仗
馬馭手(現遷泰陵文
管所)

▲73. 泰陵蕃臣像
或仗馬馭手(現遷泰
陵文管所)

▲77. 泰陵朱雀門東側石
獅(局部)

▲74. 泰陵石虎(現
遷泰陵文管所)

▲75. 泰陵朱雀門東
側石獅

▲76. 泰陵朱雀門東
側石獅(前側)

▲78. 泰陵朱雀門東側石
獅(局部)

▲79. 泰陵朱雀門
西側石獅

▲80. 泰陵朱雀門西
側石獅(前側)

▲81. 泰陵朱雀門西
側石獅(局部)

▲82. 泰陵朱雀門西側石
獅(局部)

▲ 83. 泰陵青龍門南側石獅

▲ 84. 泰陵青龍門南側石獅

▲ 85. 泰陵青龍門南側石獅(背側)

▲ 86. 泰陵青龍門南側石獅(局部)

▲ 87. 泰陵青龍門北側石獅

▲ 89. 泰陵白虎門北側石獅

▲ 88. 泰陵青龍門北側石獅
(局部)

▲ 90. 泰陵玄武門石刻

▲ 91. 泰陵玄武門石獅

▲ 93. 泰陵玄武門東側石獅(局部)

▲ 94. 泰陵玄武門東側石獅(局部)

▲ 95. 泰陵玄武門東側石獅(局部)

▲ 96. 泰陵玄武門東獅獅爪

▲ 92. 泰陵玄武門東側石獅

▲ 97. 泰陵玄武門東獅獅爪

▲ 98. 泰陵玄武門西側石獅　　▲ 99. 泰陵玄武門西側石獅(前　▲ 100. 泰陵玄武門西側石獅(局部)
　　　　　　　　　　　　　　　　　側)

▲ 101. 泰陵玄武門東側南一仗馬及馭手　　▲ 102. 泰陵玄武門東側南二仗馬及馭手

▲ 103. 泰陵玄武門東側南三仗馬及馭手　　▲ 104. 泰陵玄武門西側南一仗馬

七 唐肅宗建陵

　　建陵位於陝西禮泉縣建陵鎮石馬嶺村武將山，東經108º26'，北緯34º37'。因山為陵。封域四十里，下宮去陵五里。1956年8月6日，陝西省公佈為第一批重點文物保護單位；2001年6月25日，國務院公佈為第五批全國重點文物保護單位。

　　墓主李亨（711—762），唐玄宗李隆基第三子，繼玄宗為唐朝第七位皇帝。景雲二年（711）生於長安東宮別殿，母元獻皇后楊氏。初名嗣升，先天元年（712）九月被封為陝王，拜安西大都護。開元十五年（727）改名浚，徙封忠王。開元二十三年（735）七月。改名璵，開元二十六年（738）六月初三，被冊封為皇太子。開元二十八年（740），改名紹。天寶三載（744），又改名亨。天寶十四載（755）七月十二日，年已四十六歲、做了十七年太子的李亨在寧夏靈武即位。後因病中受驚駕崩，享年五十三歲，有十四子七女。在位五年零九個月。年號至德、乾元、上元、寶應，廟號肅宗。陵號建陵。代宗以中書侍郎兼御史大夫裴冕為山陵使、以京兆尹兼御史大夫嚴武為橋道使。寶應二年（763）三月二十七日，葬肅宗於建陵。謚號文明武德大聖大宣孝皇帝。

　　武將山海拔981米，從遠處眺望，主峰像樹起的佛指，挺直陡立。周圍溝壑縱橫，北襯群山，起伏疊障，山勢壯闊；南望沃野廣袤，漫無邊際；建陵東與九嵕山之昭陵遙想對峙，西與梁山之乾陵隔川相望；面臨泔河，居高臨下。

　　建陵的營建大體上與泰陵的營建同時進行。建陵因受武將山自然地形的限制，呈南寬北窄，狀如梯形。據考古勘測，城垣東牆長1449米，南牆長1371米，西牆長1317米，北牆長795米。城垣原設四門，東、西兩門相距1338米；南、北兩門相距1206米。陵園四隅原築角樓。朱雀門外設神道，

神道長763米，東西兩側石刻隔溝相立，相距160米。

　　按照唐陵石刻組合規制，原置石刻有：四門各置石獅一對，朱雀門石柱一對，翼馬一對，駝鳥一對，仗馬五對，馭手五對，石人十對，玄武門外仗馬三對，馭手三對。現存石刻：

　　石柱一對。東側已斷為兩截，柱身呈八面體狀，裸露地面部分高7.60米，上部為一覆蓮蓋頂，其上雕一球體，柱身陰線刻滿蔓草和瑞獸紋飾。西側殘毀，柱頭墮落溝道洞中，柱身殘段在溝下墊畔。地面原處僅留兩層礎座。上層礎座上圓下方，中心有一直徑0.43米、深0.25米的圓卯，座高0.53米。長寬各為1.51米；下層座高0.15米，長寬各為1.81米。

　　翼馬一對。位於石柱北側28米處。東側翼馬除前半身露出土外，後半身全埋在土崖中。西側右足殘，通高2.42米，身長2.04米，立於雙層石座之上，四蹄與石座相連。形制與泰陵基本相同。唯頭頂生一獨角，豎鬃俯耳，背寬體圓，捲雲翼欲展而挺立，腹下鑿流雲，似在空中。從正面看躍然欲馳，從側面看屹然聳立。

　　駝鳥一對。高浮雕。位於翼馬北側32米處。鳥高1.10米，身長1.45米，分別雕刻在高1.21米、長1.81米、厚0.23米的石屏上。駝鳥全身被覆麟羽，頭頸回彎折於翅外，尾微下垂，立於山巔，作回首張望狀。

　　仗馬五對，位於鸞鳥北側32米處，俱殘。每對仗馬南北相距30米，體高1.80米，體長1.90米，其中6匹殘，殘高1.20—1.80米，殘長1.48—1.88米。體態肥碩，頭飾籠彎，剪鬃垂尾，鞍韉俱全，唯脖下雕一直徑為0.18米的圓球狀鈴，這在唐陵仗馬中是唯一的。在仗馬左前及左後各有一位武士裝扮的馭手，今僅存一件，撲倒在神道東側由南而北第一個仗馬西約50米處的溝岸上，殘缺無頭，殘高1.21米，寬0.59米。其餘殘毀不存。

　　石人二十尊，其中十二尊殘損。位於仗馬北側32米處。每對石人南北間距30米，東文西武。通高2.16—2.65米，胸寬0.70—0.90米。文官頭戴有璫附蟬的進賢高冠，廣袖袍衣，袍前紳後綬，腰繫革帶，飾雙佩，高頭舄露於袍外，雙手執笏於胸前，神情端莊，神態自然。武官頭戴高山冠，廣袖袍衣，袍前紳後綬，腰繫革帶，足蹬武士靴，靴頭露於袍外，雙手拄劍，劍穗繞於劍柄，神態威嚴。另外，在獻殿旁清理發掘出蕃酋石像四尊，其中三尊保存在昭陵博物館，一尊保存在陝西省考古研究院。

四門石獅三對，青龍門外兩獅相距16米。南側石獅高1.56米，長1.24米，胸寬0.87米；北側石獅高1.50米，長1.30米，胸寬0.55米。可惜的是，2010年4月3日晚，兩石獅失竊被盜。白虎門外兩獅相距14米。南側獅高1.55米，長1.34米，胸寬0.56米；北側獅高1.51米，長1.32米，胸寬0.55米。現已遷昭陵博物館保存。朱雀門兩獅相距18米。東側獅高1.50米，長1.24米，胸寬0.80米；西側獅高1.57米，長1.20米，胸寬0.90米。玄武門兩獅相距16米。東側獅高1.45米，長1.30米，胸寬0.75米；西側獅高1.50米，長1.40米。胸寬0.80米。現遷昭陵博物館保存。

玄武門仗馬一匹，位於西側，頭部及四肢俱殘，殘高0.9米，長1.48米。

建陵石刻雕置於「安史之亂」後，從各類石刻的風格來看，體態普遍趨小，雕琢粗疏，但手法洗練，風格古樸且透有秀氣。

關於陪葬墓，文獻記載為3座，即：肅宗章敬皇后吳氏墓，事實上，吳皇后是在寶應二年（763）三月祔葬建陵，而非陪葬；汧國公李懷讓墓，據〈常兗華州刺史李公墓誌銘〉記載，李懷讓於廣德元年（763）九月初三薨於華州軍府，是年十月初四陪葬建陵；尚父、汾陽王郭子儀墓，郭墓位於建陵主峰西南約4公里處的坡楊村，塚殘高約3米，墓前有明萬曆年間巡按陝西監察御史畢懋康所立「汾陽王郭子儀之墓」一通，墓未發掘。《續修禮泉縣誌稿》卷二記為二座，即尚父、汾陽王郭子儀墓、汧國公李懷讓墓。

墓前有清乾隆四十一年（1776）陝西巡撫畢沅書〈唐肅宗建陵〉石碑一通，上款：賜進士及第、兵部侍郎兼副都御史陝西巡撫畢沅敬立，下款：大清乾隆歲次丙申孟秋，知禮泉縣事張心鏡立石。

▲1. 建陵陵山武將山及清代陝西巡撫畢沅碑

▲3. 建陵神道東側石柱柱頭　▲2. 建陵神道東側石柱

▲4. 建陵神道西側柱礎

▲6. 建陵神道西側柱頭

▲5. 建陵神道西側柱身殘段　▲7. 建陵神道東側翼馬

▲ 8. 建陵神道東側翼馬(斜側)

▲ 10. 建陵神道東側翼馬(局部)

▲ 11. 建陵神道東側翼馬腹下雲紋柱

▲ 9. 建陵神道東側翼馬(局部)

▲ 12. 建陵神道西側翼馬

▲ 14. 建陵神道西側翼馬
(局部)

▲ 15. 建陵神道西側翼馬
(局部)

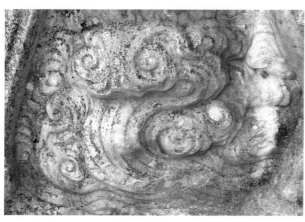

▲ 16. 建陵神道西側翼馬腹下雲紋柱

▲ 13. 建陵神道西側翼馬

▲ 17. 建陵神道東側鴕鳥

▲ 18. 建陵神道西側鴕鳥

▲ 19. 建陵神道東側南一仗馬

▲ 20. 建陵神道東側南二仗馬

▲ 21. 建陵神道東側南三仗馬

▲ 22. 建陵神道東側南四仗馬

▲ 23. 建陵神道東側南五仗馬

▲ 24. 建陵神道西側南一仗馬

▲ 25. 建陵神道西側南二仗馬

▲ 26. 建陵神道西側南三仗馬

▲ 28. 建陵神道西側南三仗馬(局部)

▲ 29. 建陵神道西側南四仗馬

▲ 27. 建陵神道西側南三仗馬(後)　　　▲ 30. 建陵神道西側南五仗馬

▲ 31. 建陵神道東側南一石人　　▲ 32. 建陵神道東側南二石人　　▲ 33. 建陵神道東側南二石人
(局部)

▲ 34. 建陵神道東側南三石人　　▲ 35. 建陵神道東側南四石人　　▲ 36. 建陵神道東側南五石人

▲ 37. 建陵神道東側南六石
人

▲ 38. 建陵神道東側南六石
人(局部)

▲ 39. 建陵神道東側南七石
人

▲ 40. 建陵神道東側南七石人
(局部)

▲ 42. 建陵神道東側南八石人

▲ 41. 建陵神道東側南七石人
(背部)

▲ 43. 建陵神道東側南八石人
(局部)

▲44. 建陵神道東側南九石人　　▲45. 建陵神道東側石人　　　▲46. 建陵神道東側南九石人
　　　　　　　　　　　　　　　　　(局部)　　　　　　　　　　　　(局部)

▲48. 建陵神道東側　　▲49. 建陵神道東側　　▲50. 建陵神道東側　　▲51. 建陵神道東側石人
　南十石人(局部)　　　南十石人(局部)　　　南十石人(局部)　　　(局部)

▲47. 建陵神道東側南十石人

▲52. 建陵神道東側石人(局部)

▲53. 建陵神道西側
南一石人

▲54. 建陵神道西側
南一石人(局部)

▲55. 建陵神道西側
南二石人

▲56. 建陵神道西側
南二石人(局部)

▲57. 建陵神道西側
南二石人(局部)

▲58. 建陵神道西側
南三石人

▲59. 建陵神道西側
南三石人(局部)

▲60. 建陵神道西側
南四石人

▲61. 建陵神道西側南四石人(局部)

▲63. 建陵神道西側南四石人(局部)

▲62. 建陵神道西側南四石人
(局部)

▲64. 建陵神道西側南五
石人

▲ 66. 建陵神道西側南七石人

▲ 65. 建陵神道西側南六石人　▲ 69. 建陵神道西側南九石人

▲ 67. 建陵神道西側南八石人　▲ 68. 建陵神道西側南八石人　▲ 70. 建陵神道西側南十石人
　　　　　　　　　　　　　　　(背部)

▲ 71. 建陵神道西側南十　▲ 72. 建陵神道西側　▲ 73. 建陵神道西側　▲ 74. 建陵神道西側石人
石人(局部) 李浪濤 攝　石人(局部)　石人(局部)　(局部)

▲ 75. 建陵神道西側石人　▲ 76. 建陵神道西側石人　▲ 77. 建陵神道西　▲ 78. 建陵神道西側石
(局部)　(局部)　側石人(局部)　人(局部)

▲ 79. 建陵神道西側石　▲ 80. 建陵神道西側石柱附近石人毛坯
人(局部)

▲ 81. 建陵神道東側南十石人之北石人毛坯

▲ 82. 建陵神道東側南十石人之北石人毛坯

▲ 83. 建陵神道東側南十石人之北石人毛坯

▲ 84. 建陵神道東側南十石人之北石人毛坯

▲ 85. 建陵獻殿前蕃酋石像 李浪濤 攝

▲ 86. 建陵獻殿前蕃酋石像 李浪濤 攝

▲ 87. 建陵獻殿前蕃酋石像 李浪濤 攝

▲88. 建陵青龍門外石獅　李浪濤 攝

▲89. 建陵青龍門南側石獅　　　▲90. 建陵青龍門北側石獅 李浪濤 攝　　　▲91. 建陵白虎門南
李浪濤 攝　　　　　　　　　　　　　　　　　　　　　　　　　　　　　　　側石獅

▲92. 建陵白虎門北　　▲93. 建陵朱雀門東側石獅　　　▲94. 建陵朱雀門東側石獅(前側)
側石獅

▲ 95. 建陵朱雀門東側石獅(局部)

▲ 99. 建陵朱雀門西側
石獅

▲ 100. 建陵朱雀門西側
石獅(前側)

▲ 96. 建陵朱雀門
東側石獅(局部)

▲ 97. 建陵朱雀門
東側石獅(局部)

▲ 98. 建陵朱雀門東側石獅石座線刻花紋

▲ 103. 建陵玄武門東側
石獅

▲ 104. 建陵玄武門西側
石獅

▲ 101. 建陵朱雀門西側石獅
(局部)

▲ 102. 建陵朱雀門西側石
獅(局部)

▲ 105. 建陵玄武門仗馬
李浪濤 攝

八 唐代宗元陵

　　元陵位於陝西富平縣莊里鎮之檀山，東經109°05'，北緯34°53'。1956年8月6日，陝西省公佈為第一批重點文物保護單位；2001年6月25日，國務院公佈為第五批全國重點文物保護單位。

　　墓主李豫（726—779），唐肅宗李亨長子。繼肅宗為唐朝第八位皇帝。開元十四年（727）十二月十三日生於東都洛陽上陽宮別殿，母章敬皇后吳氏。原名俶。開元二十年（732）封為廣平郡王，天寶十四載（755）十一月，「安史之亂」爆發，玄宗倉皇奔蜀，行至馬嵬，發生軍事兵變後，隨父北上靈武，被命為天下兵馬元帥，伺機收復兩京。至德二年（757），晉封楚王，乾元元年（758），改封成王，同年五月十九日被冊立為皇太子。時隔不久，改名豫，肅宗駕崩後，宦官李輔國、程元振乘機擁立三十六歲的李豫為帝。大歷十四年（779）五月二十日晚，李豫因病駕崩於長安城紫宸內殿。享年五十四歲，有二十子十八女，在位十八年。年號廣德、永泰、大歷。廟號代宗。陵號元陵。謚號睿文孝武皇帝。德宗以司徒兼中書令、靈州大都督、汾陽郡王郭子儀為攝塚宰，充山陵使。同年十月十三日，葬代宗於京兆富平縣（今陝西富平縣）西北二十五里之元陵。

　　檀山海拔851米，東有支家溝，西有三條溝。西北距唐懿宗簡陵5公里。元陵依檀山之自然山勢而築。封域四十里，下宮去陵五里。內城平面呈不規則矩形，四面各闢一門，東西二門相距2500米，南北二門相距2700米。陵園四隅築有角樓。朱雀門外設神道，神道長約600米，其南築乳臺一對，再往南約2公里處築鵲臺一對。

　　按照唐陵石刻組合規制，原置石刻有：四門各置石獅一對，朱雀門石柱一對，翼馬一對，駝鳥一對，仗馬五對，馭手五對，石人十對，玄武門仗馬三對，馭手三對。現存石刻：石柱一對，俱殘，現已埋入地下。

翼馬一匹，位於神道東側，殘甚，類似金雞獨立狀。

鴕鳥一隻，位於神道東側，已殘為兩塊。

仗馬二匹，東西兩側各一匹，俱殘。其中東側殘高0.60—0.69米，殘長1.40米。西側沒入地下。

石人九尊，其中西側四尊，東側五尊，兩側八尊頭部俱殘。

玄武門外仗馬五匹，其中東側二匹，殘高1.20米，殘長1.40米；西側三匹，損毀嚴重。

四門蹲獅五尊，其中：青龍門南側一尊，已遷富平文廟保管。白虎門二尊，位於檀山半山腰。玄武門二尊，殘高1.10—2.50米，殘長0.80—1.20米。

▲ 1. 元陵陵山檀山

▲ 2. 元陵朱雀門東側石柱殘件

▲ 3. 元陵神道石柱柱礎 穆虎 攝

▲ 5. 元陵神道東側翼馬

▲ 4.元陵神道石柱柱礎(移落村道)
穆虎 攝

▲ 6. 元陵神道東側翼馬(後側)

▲ 7. 元陵神道東側翼馬(局部)

▲ 8. 元陵神道東側翼馬腹下雲紋柱

▲ 9. 元陵神道東側仗馬

▲ 10. 元陵神道東側南二石人　　▲ 11. 元陵神道東側南五石人　　▲ 12. 元陵神道東側南八石人

▲ 13. 元陵神道東側
南八石人(背側)　　▲ 14. 元陵神道東側南九石人　　　　　　　▲ 15. 元陵神道東側
南九石人(背部)

▲ 16. 元陵神道東側南
十石人　　▲ 17. 元陵神道西側
南五石人　　▲ 18. 元陵神道西側南五石人(局部)

▲ 19. 元陵神道西側南八石人　▲ 20. 元陵神道西側南八石人　　▲ 21. 元陵神道西側南九石人
　　　　　　　　　　　　　　　　(正側)

▲ 22. 元陵神道西側南十　　▲ 24. 元陵白虎門南側石獅　　▲ 26. 元陵白虎門北側石獅
　　石人

▲ 23. 元陵青龍門南側石獅　　　　　　　▲ 25. 元陵白虎門南側石獅(局部)
鄭茂良 攝

▲27. 元陵玄武門東側石獅

▲30.元陵玄武門西側石獅(側面)

▲34. 元陵玄武門東側仗馬
(局部)

▲28. 元陵玄武門東側石獅
(局部)

▲31元陵玄武門西側石獅(局部)

▲35. 元陵玄武門西側南一仗馬
(殘甚)

▲29. 元陵玄武門西側石獅

▲32. 元陵玄武門東側仗馬
一(殘甚)

▲33. 元陵玄武門東側仗馬
二(殘甚)

▲36. 元陵玄武門西側南二仗馬
(殘甚)

▲37. 元陵玄武門西側南三石獅
(殘甚)

九 唐德宗崇陵

　　崇陵位於陝西涇陽縣將路鄉蒙家溝嵯峨山主峰，東經108°50'，北緯34°41'。1956年8月6日，陝西省公佈為第一批重點文物保護單位；2001年6月25日，國務院公佈為第五批全國重點文物保護單位。

　　墓主李適（742—805），唐代宗李豫長子。繼代宗為唐朝第九位皇帝。玄宗天寶元年（742）四月十九日生於長安大內東宮，母睿真皇后沈氏。是年十二月，拜特進，封奉節郡王。寶應元年（762）五月，任天下兵馬元帥，晉封魯王。八月改封雍王。「安史之亂」平定後，因功拜尚書令，食實封二千戶，與郭子儀等八人圖形凌煙閣。廣德二年（764）二月初一，被冊封為皇太子。大歷十四年（779）五月十三日，在做了十五年皇太子後於太極殿即位，翌年改元建中。興元元年（784），德宗痛下「罪己詔」，聲明「朕實不君」，公開承擔了導致天下大亂的責任。貞元二十一年（805）正月二十三日，李適因病駕崩於長安城大明宮會寧殿，享年六十四歲，有十一子十一女。在位二十五年零九個月。年號建中、興元、貞元。廟號德宗。陵號崇陵。諡號神武孝文皇帝。永貞元年（805）十月十四日，葬德宗於京兆雲陽縣（今陝西涇陽縣）嵯峨山。

　　嵯峨山，古稱荊山，又名慈山，地勢高亢，氣勢宏偉，為關中名山之一。山有五峰，形似筆架，故名筆架山。主峰海拔955米，登上峰巔，涇、渭、黃諸河盡收眼底。寢宮位於嵯峨山南麓中峰的山腰間，即九條山脈的交匯處，恰似一枝九瓣蓮花的中央，謂之「蓮花穴」。德宗駕崩後，順宗李誦以司空杜佑為山陵使、工部尚書李涵為山陵副使、門下侍郎杜黃裳為禮儀使、李庸為禮儀副使、李扞為按行山陵地副使、鄭雲達為鹵簿使共同護營山陵。

　　崇陵因山為陵。平面佈局近似梯形。陵園分內、外兩城，內城周長約8.2公里，置四門，分別以四神命名。其城垣依山勢構築，南城牆沿嵯峨山南麓

東西向直線構築，橫跨五條山谷，全長2850米，牆基寬6米；北城牆沿嵯峨山北麓東西向直線構築，全長1300米；東城牆依東邊山梁峽谷的自然走向構築，全長1870米；西城牆依山勢的自然走向築於西邊的山梁上，全長2220米，東、西、北三面城垣牆基均寬為3.50米。內城朱雀門外設神道，神道全長572米，寬82米。封域四十里。下宮去陵五里。

按照唐陵石刻組合規制，原置石刻有：四門各置石獅一對，朱雀門石柱一對，翼馬一對，駝鳥一對，仗馬五對及馭手五對，石人十對，玄武門外仗馬三對及馭手三對。現存石刻：

石柱一對。立於神道南端石刻之首。其形制與泰、建諸陵略同。東側通高7.88米，頂高1.80米，呈桃形，柱身高5.32米，呈八稜柱形，各稜面線刻伎樂飛天和蔓草紋飾；底座長1.57米，寬1.54米，厚0.42米。裸露地面高0.34米。西側通高7.79米，頂高2.05米，亦呈桃相，柱身高5.30米，底座為正方形，長、寬均1.71米，厚0.44米，礎座現埋於土中。

翼馬一對。位於石柱北約28米處，形制同泰陵。東側體長2.50米，體高2.85米。石座分為兩層，上層東西長1.95米，南北寬1.04米，厚0.30米；下層東西長2.50米，南北寬1.27米，厚0.30米。西側立於三層石座上，馬長2.65米，高2.70米，上層石座東西長1.83米，南北寬1.08米，厚0.27米；中層石座係用三塊石條鋪成，東西長2.55米，南北寬1.68米，厚0.37米。馬形卑小，馬頭清瘦，身短腿長，尾巴下垂，四肢與石座相連，腹下至石座間的四周均浮雕捲雲紋圖案，駝鳥一屏，西側已佚，東側位於翼馬北約44米處，高浮雕，雕刻在長2.05米、高1.52米、厚0.32米的石屏上。石屏座長2.25米，寬0.74米、厚0.35米。皆為行進中駐足作回首狀，頭頸自然彎曲後折於翅上，形體瘦小，雕鑿粗疏。

仗馬九匹，馭手皆佚。位於鴛鳥北約26米處。東側四匹，西側五匹，均殘，殘高1.45—1.80米。馬披鞍袱，置鞍韉，飾鞦鞴，尾巴下垂。

石人九對。位於仗馬北22.4米處，石人與石人間距約25米。左文右武。東側九尊，其中二尊頭殘；西側九尊，其中三尊頭殘。在東側文臣中，完整者身高2.76—2.83米，頭戴冠，著寬袖長袍，足蹬圭形頭深履，雙手緊握笏板彎舉於胸前，基座長0.95米，寬0.63米，裸露地面高0.25米。在西側武將中，完整者身高2.78—2.85米，頭戴高山冠 上飾花紋，著寬袖長袍，足蹬圓頭靴，雙手拄劍於胸前。基座長0.95米，寬0.61米，裸露地面高0.25米。

朱雀門外祭壇遺址小石人像十八尊，均殘。殘高0.66—1.27米，從服飾和形象看，有的似僧人，有的似馭手，有的似南亞蕃民。

四門石獅現存五尊，其中：白虎門北側一尊，南側石獅於20世紀90年代被幾位無知少年使用炸藥炸毀，現存殘塊若干，散落於石獅西側溝壑，2018年5月2日，殘塊被非法社會組織「帝王陵文化研究會」私自違法挪動集於石獅旁的監控之下。兩獅南北相距21.3米，北獅高1.72米，胸寬0.91米，石座東西長1.38米，南北寬1.02米，厚0.26米；被炸毀的石獅高1.59米，胸寬0.85米，石座東西長1.66米，南北寬1.12米，厚0.26米。朱雀門石獅二尊，位於朱雀門外11米處，東西相距24.2米。蹲踞狀。東側通高1.75米，胸寬0.94米，圓頭捲毛，顴骨突出，面部表情嚴肅，尾巴從右腿上部盤出，末段似立體如意雲頭。基座分為兩層，上層南北長1.43米，東西寬1.00米，厚0.25米；下層南北長1.77米，東西寬1.23米，裸露地面高0.27米。西側通高1.70米，胸寬0.87米，披毛張口，呈怒吼狀，尾巴從左腿上部捲出，末端較直。基座上層南北長1.40米，東西寬1.09米，厚0.25米；裸露地面高0.30米。玄武門石獅二尊，東西相距21.5米。東側石獅高1.65米，胸寬1.08米，石座南北長1.40米，東西寬1.08米，厚0.26米；西側石獅高1.70米，胸寬0.91米，石座南北長1.38米，東西寬1.08米，厚0.24米。

崇陵石獅雖然遵從了此前帝陵石獅形制，但體量變小，整體製作粗疏，缺乏神態和魅力。

關於崇陵陪葬墓，兩《唐書》《唐會要》等文獻均無記載。只是，貞元二年（786）十一月初八，已病入膏盲的王淑妃（順宗李誦生母）被冊封為皇后，是日，王皇后崩於長安城兩儀殿，德宗素服視事，天下發哀三日。謐曰昭德皇后，初令兵部侍郎李紓撰謐冊，又詔翰林學士吳通玄為之。翌年五月，葬靖陵。永貞元年（805）十月十四日，葬德宗於崇陵，是年十一月，徙王皇后出靖陵，祔葬崇陵。

原有崇陵定界碑，現已遷走。

▲1. 崇陵陵山嵯峨山

▲2. 陝西省人民政府文物保護碑

▲4. 崇陵神道東側石柱(局部)

▲6. 崇陵神道東側石柱(局部)

▲3. 崇陵神道東側石柱　　▲5. 崇陵神道東側石柱柱身線刻花草紋　　▲7. 崇陵神道西側石柱　　▲8. 崇陵神道西側石柱(局部)

▲ 10. 崇陵神道東側翼馬　　▲ 11. 崇陵神道東
側翼馬(局部)

▲ 9. 崇陵神道東側翼馬

▲ 12. 崇陵神道東側翼馬
(局部)

▲ 13. 崇陵神道東側翼馬腹下雲紋柱　　▲ 14. 崇陵神道西側翼馬　　▲ 15. 崇陵神道西側翼
馬(局部)

▲ 18. 崇陵神道東側鴕鳥　　▲ 17. 崇陵神道西側翼
馬(局部)　　▲ 16. 崇陵神道西側翼
馬(局部)

▲ 19. 崇陵神道東側南二仗馬

▲ 20. 崇陵神道東側南二仗馬

▲ 21. 崇陵神道東側南三仗馬

▲ 22. 崇陵神道東側南四仗馬

▲ 23. 崇陵神道東側南五仗馬

▲ 24. 崇陵神道西側南一仗馬

▲ 25. 崇陵神道西側南二仗馬

▲ 26. 崇陵神道西側南三仗馬

▲ 27. 崇陵神道西側南四仗馬

▲ 28. 崇陵神道西側南五仗馬

▲ 29. 崇陵神道東側石人

▲ 30. 崇陵神道
東側南一石人

▲ 31. 崇陵神道
東側南三石人

▲ 32. 崇陵神道東側南四
石人

▲ 33. 崇陵神道東側南四石
人(側背)

▲ 34. 崇陵神道
東側南五石人

▲ 35. 崇陵神道
東側南六石人

▲36. 崇陵神道東側南
七石人

▲37. 崇陵神道東側
南八石人

▲38. 崇陵神道東側南
八石人(背部)

▲39. 崇陵神道東側南
九石人

▲42. 崇陵神道東側
石人(局部)

▲43. 崇陵神道東側石人
(局部)

▲40. 崇陵神道東側南
九石人(前側)

▲41. 崇陵神道東
側南十石人

▲44. 崇陵神道東側石
人(局部)

▲45. 崇陵神道東側石人
(局部)

▲46. 崇陵神道東側石
人(局部)

▲47. 崇陵神道東側
石人(局部)

▲48. 崇陵神道東側
石人(局部)

▲49. 崇陵神道東側
石人(局部)

▲51. 崇陵神道東側石人(局部)

▲53. 崇陵神道東側石人(局部)

▲50. 崇陵神道東側石
人(局部)

▲52. 崇陵神道東側石人(局部)

▲54. 崇陵神道西側石人

▲55. 崇陵神道西側南一
石人

▲ 56. 崇陵神道西側南一石人(前側)

▲ 57. 崇陵神道西側南二石人

▲ 58. 崇陵神道西側南二石人(前側)

▲ 59. 崇陵神道西側南三石人

▲ 60. 崇陵神道西側南四石人

▲ 61. 崇陵神道西側南九石人

▲ 62. 崇陵神道西側南十石人

▲ 63. 崇陵神道西側南十(前側)

▲ 64. 崇陵神道西側南九石人(局部)

▲ 65. 崇陵神道西側南
八石人

▲ 66. 崇陵神道西側
南八石人(前側)

▲ 67. 崇陵神道西側
南七石人

▲ 68. 崇陵神道西側南
七石人(前側)

▲ 69. 崇陵神道西側
南五石人

▲ 70. 崇陵神道西側南
五石人(前側)

▲ 71. 崇陵神道西側石
人(局部)

▲ 72. 崇陵神道西側石人
(局部)

▲ 73. 崇陵神道西側石人
(局部)

▲ 74. 崇陵神
道西側石人
(局部)

▲ 75. 崇陵神道西側石人
(局部)

▲ 76. 崇陵神道西側
石人(局部)

▲ 77. 崇陵神道西側石人(局部)

▲ 78. 崇陵神道西側石人
(局部)

▲ 79. 崇陵神道
西側石人(局部)

▲ 80. 崇陵神
道西側石人
(局部)

▲ 81. 崇陵白虎門南側石獅
(殘塊)

▲ 82. 崇陵白虎門北側石獅

▲ 83. 崇陵白虎門北側石獅
(後側)

▲ 84. 崇陵白虎門北側石獅
(局部)

▲ 85. 崇陵白虎門北側石
獅(局部)

▲ 86. 崇陵白虎門北側
石獅(局部)

▲ 87. 崇陵朱雀門東側石獅

▲ 88. 崇陵朱雀門東側石獅
(後側)

▲ 89. 崇陵朱雀門東側石獅
(局部)

▲ 90. 崇陵朱雀門東側石獅(局部)

▲ 91. 崇陵朱雀門東側石獅
(局部)

▲ 92. 崇陵朱雀門東側石獅
(局部)

▲ 93. 崇陵朱雀門西側石獅

▲ 94. 崇陵朱雀門西側石獅(後側)

▲ 95. 崇陵朱雀門西側石獅(局部)

▲ 96. 崇陵朱雀門西側石獅(局部)

▲ 97. 崇陵朱雀門西側石獅(局部)

▲ 98. 崇陵朱雀門西側石獅(局部)

▲ 99. 崇陵朱雀門西側石獅(局部)

▲ 100. 崇陵玄武門東側石獅

▲ 101. 崇陵玄武門西側石獅

▲ 102. 崇陵玄武門西側石獅(局部)

十 唐順宗豐陵

　　豐陵是唐順宗李誦與莊憲皇后的合葬墓，位於陝西富平縣曹村鎮陵前村金甕山，東經109º12'，北緯34º56'。東北距唐睿宗橋陵26公里，1956年8月6日，陝西省公佈為第一批重點文物保護單位；2001年6月25日，國務院公佈為第五批全國重點文物保護單位。

　　墓主李誦（761—806），唐德宗李適長子，繼德宗為唐朝第十位皇帝，肅宗上元二年（761）生於長安大明宮，母昭德皇后王氏。代宗大曆十四年（779）六月初二，被封為宣王，德宗建中元年（780）正月初一，被冊封為皇太子。貞元二十一年（805）正月二十六日，在做了二十五年皇太子後，帶病於西內太極殿德宗柩前即位，時年四十五歲。同年八月初四，宦官俱文珍以李誦多病、口不能言為由，逼其禪位於太子李純。八月初四，李誦退位，翌日，李誦以太上皇身份下誥，改元永貞，史稱「永貞內禪」。元和元年（806）正月十九日，李誦駕崩於興慶宮咸寧殿。享年四十六歲，有二十七子（一說二十三子）十一女，在位不足七個月。年號永貞。廟號順宗。陵號豐陵。尊號或謚號應乾聖壽太上皇（憲宗朝）、至德大聖大安孝皇帝（憲宗朝）、至德弘道大聖大安孝皇帝（宣宗朝）。同年七月十一日，葬順宗於京兆富平縣（今陝西富平縣）金甕山之豐陵。

　　金甕山海拔851米，山勢雄偉，恰似臥虎，俗稱臥虎山。山之東、南部地勢平緩。西、北部層巒疊嶂。憲宗以司空杜佑攝山陵使、工部尚書李涵為山陵副使、門下侍郎杜黃裳為禮儀使共同護營山陵。陵園平面呈不規則矩形，東西約1500米，南北約1700米。四面各闢一門，分別以四神命名，四角建有角樓。封域四十里，下宮去陵五里。

　　按照唐陵石刻組合規制，原置石刻有：四門各置石獅一對，朱雀門石柱一對，翼馬一對，駝鳥一對，仗馬五對及馭手五對，石人十對，玄武門外仗馬三

對及馭手三對。現存石刻：

神道西側石柱一通，柱身已開裂為二，八稜柱形，仰覆蓮寶珠頂。通高3.71米，稜面寬0.38米不等。稜面陰線刻迦陵頻伽、獬豸、花卉、鳳及笛童等。柱頭掉落，沒入地下。

白虎門石獅一尊，殘損，現遷附近一廢棄學校保管。玄武門石獅一尊，埋入地下，僅露獅頂。仗馬二匹，均殘。其餘有待勘探發掘。

▲ 1. 豐陵陵山金甕山

▲ 2. 清代陝西巡撫畢沅碑

▲ 3. 陝西省人民政府文物保護碑

▲ 5. 豐陵神道西側石柱線刻花草紋　　　　▲ 4. 豐陵神道西側石柱柱身

▲ 6. 豐陵神道西側柱頭

▲ 7. 豐陵白虎門獅子 鄭茂良 攝

▲ 8. 豐陵玄武門石獅

十一 唐憲宗景陵

　　景位於陝西蒲城縣三合鄉義壟村金幟山，東經109°31'，北緯35°01'。東北距穆宗光陵3公里，東距玄宗泰陵19公里，西距睿宗橋陵7公里。1956年8月6日，陝西省公佈為第一批重點文物保護單位；2001年6月25日，國務院公佈為第五批全國重點文物保護單位。

　　墓主李純（778—820），唐順宗李誦長子。繼順宗為唐朝第十一位皇帝。大歷十三年（778）二月十四日生於長安大明宮，母莊憲皇后王氏。德宗貞元四年（788）六月，封廣陵郡王、開府儀同三司。貞元二十一年（805）四月，冊立為皇太子，改名純。同年八月，在宦官俱文珍等人擁立下，接受順宗的禪讓，翌年改元元和。元和十五年（820）正月二十七日，被宦官陳弘誌潛入大明宮中和殿弒殺，享年四十三歲，有二十子十八女。並矯詔擁立李恒即位。在位十四年零六個月。年號元和。廟號憲宗。陵號景陵。穆宗朝謚聖神章武孝皇帝，宣宗朝昭文章武大聖至神孝皇帝。

　　金幟山海拔872米，山勢高聳，直入青冥，猶如一面旗幟懸掛在空中。山的東、南面地勢平緩，西面縱深溝壑，北面群巒蜿蜒。景陵因山為陵。封域四十里。穆宗以中書侍郎令狐楚為山陵使、以戶部尚書柳公綽為山陵副使、以吏部尚書韓皋為禮儀使、以京兆尹崔元略為橋道使及京兆府戶曹參軍韋正牧共同營建山陵。

　　景陵原有內外兩重城垣，內城四面各闢一門，分別以四神命名。門前皆置石獅，四角建角樓。城內設寢殿、宮闕、衛所及祭壇等建築物。東南角至西南角，以及西南角至西北角間隔均為2400米。東西二門相距2900米，南北二門相距2500米，朱雀門外置神道，神道全長626米，寬68米。

　　按照唐陵石刻組合規制，原置石刻有：四門各置石獅一對，朱雀門石柱一對，翼馬一對，駝鳥一對，仗馬五對及馭手五對，石人十對，玄武門外仗馬三

對及馭手三對。現存石刻：

石柱一對，位於乳臺闕址北約80米處，通高8.18米，直徑1.10米，稜寬0.465米，形制同崇陵。其中西側已斷為三節。

翼馬一對，位於石柱北24米處。其中西側殘甚。通高2.76米，身長2.35米，頭長獨角，鬃豎頸上，體態肥碩。東側垂尾，獨角較小；西側縛尾，獨角較大。整體雕工簡陋，手法簡化，遠不如崇陵。

駝鳥一屏，位於西側翼馬北約24米處。高1.35米，長1.75米，身軀肥碩，頭頸彎曲於翅膀之上，悠然自得；尾小腿短，腹下襯以山石，前後同高。東側已佚。

仗馬十匹，位於駝鳥北24米處。仗馬與仗馬南北間距亦24米。通高1.55米，身長1.45—1.98米。頭長，面飾當盧，口中銜鑣，脖下繫鈴，身披鞍韉，無蹬，尾巴下垂。馭手皆無。

石人十五尊，位於仗馬北22.50米處，石人與石人南北間距22米，東側八尊，其中七尊頭殘；西側七尊，頭殘或身軀殘甚。東文西武，文官持笏，武官拄劍，完整者通高2.80—2.85米，形制同泰陵。

四門石獅七尊，其中朱雀門西側通高1.59—1.80米，胸寬0.85米，每對間隔15—37.2米，東側已佚。青龍、白虎、玄武三門各二尊。

玄武門外仗馬五匹，東三西二。其中東、西側南一頭殘。兩側間距45米，除西側第三匹仗馬縛尾外，其餘均與神道仗馬形制相同。

玄武門外小石獅二對。其中一對為蹲姿，一對為行姿。蹲獅通高0.90—0.95米，胸寬0.40米；行獅通高0.81米，身長1.15米，胸寬0.40米。

關於景陵陪葬墓，據兩《唐書》《唐會要》等文獻記載，陪葬墓有惠昭太子李寧墓、懿安皇后郭氏墓、孝明皇后鄭氏墓及賢妃王氏墓。在這四座陪葬墓中，惠昭太子李寧墓位於陝西臨潼於西安灞橋區接壤處，係文獻記載有誤。賢妃王氏墓位於橋陵東南約9公里處，墓主王芳媚，睿宗賢妃，係橋陵陪葬墓，此係文獻記載有誤。懿安皇后郭氏係祔葬景陵，孝明皇后鄭氏係陪葬景陵。

在陵寢的西南方，有北宋時期所立「大宋新修唐憲宗廟碑」一通。墓前有清乾隆四十一年（1776），陝西巡撫畢沅書「唐憲宗景陵」碑一通，蒲城知縣馮方鄴立石。

▲ 1. 景陵陵山金幟山

▲ 2. 景陵陵山金幟山及清代陝西巡撫畢沅碑

▲ 3. 陝西省人民政府文物保護碑

▲ 4. 景陵神道東側石柱

▲ 5. 景陵神道東側石柱礎座

▲ 6. 景陵神道東側石柱柱身

▲ 7. 景陵神道東側石柱柱頭

▲ 8. 景陵神道東側柱身線刻花草紋

▲ 9. 景陵神道西側石柱

▲ 10. 景陵神道西側石柱柱頭

▲ 11. 景陵神道東側翼馬

▲ 12. 景陵神道東側翼馬(局部)

▲ 13. 景陵神道東側翼馬腹下雲紋柱

▲ 14. 景陵神道西側翼馬

▲ 15. 景陵神道西側翼馬(局部)

▲ 16. 景陵神道東側鴕鳥石座

▲17. 景陵神道西側鴕鳥

▲18. 景陵神道東側仗馬

▲19. 景陵神道東側南一仗馬

▲20. 景陵神道東側南一仗馬

▲21. 景陵神道東側南一仗馬
(前右側)

▲22. 景陵神道東側南二仗馬

▲23. 景陵神道東側南二仗馬(前右側)

▲24. 景陵神道東側南三仗馬

▲25. 景陵神道東側南三仗馬(前右側)

▲ 27. 景陵神道東側南四仗馬

▲ 26. 景陵神道東側南四仗馬　　　　▲ 29. 景陵神道西側仗馬

▲ 28. 景陵神道東側南五仗馬

▲ 30. 景陵神道西側南一仗馬

▲ 31. 景陵神道西側南一仗馬

▲ 32. 景陵神道西側南二仗馬

▲ 33. 景陵神道西側南二仗馬

▲ 34. 景陵神道西側南三仗馬

▲ 35. 景陵神道西側南三仗馬　　　▲ 36. 景陵神道西側南四仗馬　　　▲ 37. 景陵神道西側南四仗馬

▲ 38. 景陵神道西側南五仗馬　　　　　　　　▲ 39. 景陵神道西側南五仗馬

▲ 40. 景陵神道東側南二石人　　▲ 41. 景陵神道東側南二石人(右前側)　　▲ 42. 景陵神道東側南三石人　　▲ 43. 景陵神道東側南三石人(左前側)

▲ 44. 景陵神道東側南四石人　　▲ 45. 景陵神道東側南四石人(右前側)　　▲ 46. 景陵神道東側南四石人(局部)　　▲ 47. 景陵神道東側南六石人(現遷景陵文管所)

▲ 50. 景陵神道東側
南六石人(局部)

▲ 48. 景陵神道東側
南六石人(左前側)

▲ 49. 景陵神道東側南
六石人(右前側)

▲ 52. 景陵神道東側南
七石人

▲ 51. 景陵神道東側
南六石人(局部)

▲ 53. 景陵神道東側
南七石人(左前側)

▲ 54. 景陵神道東側南
八石人

▲ 59. 景陵神道東側
南十石人(局部)

▲ 55. 景陵神道東側南
九石人

▲ 56. 景陵神道東側
南九石人(左前側)

▲ 57. 景陵神道東側南
九石人(右前側)

▲ 58. 景陵神道東
側南十石人

▲ 60. 景陵神道東側
南十石人(局部)

▲ 61. 景陵神道東側南十石人(局部)

▲ 62. 景陵神道西側南一石人基座

▲ 63. 景陵神道西側南二石人

▲ 64. 景陵神道西側南二石人(左前側)

▲ 65. 景陵神道西側南二石人(右前側)

▲ 66. 景陵神道西側南四石人

▲ 67. 景陵神道西側南四石人(左前側)

▲ 68. 景陵神道西側南四石人(右前側)

▲ 69. 景陵神道西側南六石人

▲ 70. 景陵神道西側南六石人(左前側)

▲ 71. 景陵神道西側南六石人(右前側)

▲ 72. 景陵神道西側南七石人(左前側)

▲ 73. 景陵神道西側南七石人(右前側)

▲ 74. 景陵神道西側南七石人(背部)

▲ 75. 景陵神道西側南八石人

▲ 76. 景陵神道西側南八石人(局部)

▲ 77. 景陵神道西側南十石人

▲ 78. 陵神道西側南十石人
(局部)

▲ 79. 景陵青龍門石獅

▲ 80. 景陵青龍門南側石獅

▲ 81. 景陵青龍門北側石獅

▲ 82. 景陵白虎門南側石獅

▲ 83. 景陵白虎門北側石獅

▲ 84. 景陵朱雀門西側石獅

▲ 85. 景陵朱雀門西側石獅（局部）

▲ 86. 景陵玄武門石刻

▲ 87. 景陵玄武門東側石獅

▲ 89. 景陵玄武門西側石獅

▲ 88. 景陵玄武門東側石獅(右前側)　　▲ 90. 景陵玄武門西側石獅

▲ 91. 景陵玄武門西側 ▲ 92. 景陵玄武門東側南一仗馬
石獅

▲ 93. 景陵玄武門東側南一仗馬(左後側) ▲ 94. 景陵玄武門東
側南二仗馬

▲ 95. 景陵玄武門東側南二仗馬(左前側) ▲ 96. 景陵玄武門東側南三仗馬(左前側)

▲ 97. 景陵玄武門東側　　　▲ 98. 景陵玄武門東側
南三仗馬　　　　　　　　南二仗馬(左後側)

▲ 99. 景陵玄武門東側南三仗馬(左後側)　　▲ 100. 景陵玄武門西側南一仗馬

▲ 101. 景陵玄武門西側南一仗馬(左後側)　　▲ 102. 景陵玄武門西側南一仗馬(右後側)

▲ 103. 景陵玄武門西側南二仗馬　　　　　▲ 104. 景陵玄武門西側南二仗馬(右前側)

十二 唐穆宗光陵

　　光陵位於陝西蒲城縣翔村鄉光陵村之堯山西麓，東經109º34'，北緯35º03'。東距唐玄宗泰陵20公里，西距唐憲宗景陵3公里及唐睿宗橋陵10公里，南側5公里處有國家授時中心。1956年8月6日，陝西省公佈為第一批重點文物保護單位；2001年6月25日，國務院公佈為第五批全國重點文物保護單位。

　　墓主李恒（795—824），唐憲宗李純第三子，繼憲宗為唐朝第十二位皇帝。德宗貞元十一年（795）七月生於長安大明宮別殿，母懿安皇后郭氏。貞元二十一年（805）四月，封建安郡王，憲宗元和元年（806）八月，晉封遂王，元和七年（812）十月，惠昭太子李寧薨後，被冊立為皇太子，改名恒。元和十五年（820）正月二十七日，父皇李純暴薨，宦官王守澄、中尉梁守謙等擁立二十六歲的李恒於太極殿即位。在位遊幸無常，甘願受宦官擺布，朝中朋黨相互傾軋，地方藩鎮稱雄稱霸，社會矛盾尖銳，長慶四年（824）正月二十二日，因久服食丹藥，暴崩於長安清思殿，享年三十歲。有五子八女。在位四年，年號長慶，廟號穆宗，陵號光陵，謚號睿聖文惠孝皇帝。

　　敬宗李湛以中書侍郎牛僧孺為禮儀使協助山陵使營護山陵。並由神策六軍士兵以及奉先（今蒲城縣）、櫟陽（今臨潼縣）、美原（今三原縣）、高陵（今高陵縣）、富平（今富平縣）五縣的百姓承擔完成。十一月十五日，葬穆宗於光陵。

　　堯山，又名浮山，海拔1091米，山之南、東南及北部地勢平緩，東北部山巒重疊。光陵因山為陵。封域四十里，下宮去陵五里。陵園置有內、外兩重城垣，內城呈南北長、東西窄的長方形，城垣四面各闢一門，分別以青龍、白虎、朱雀、玄武四神命名，四角並置角闕。東西二門相距2350米，南北二門相距2900米。內城有獻殿、享殿、陵署、亭臺及樓閣建築。

　　按照唐陵石刻組合規制，原置石刻有：四門各置石獅一對，朱雀門石柱一

對，翼馬一對，駝鳥一對，仗馬五對及馭手五對，石人十對，玄武門外仗馬三對及馭手三對。現存石刻：

石柱一對，位於乳臺闕址北107米，東撲西殘。通高5.37—7.27米，形制近似崇陵。

翼馬一對，位於石柱北22米處。通高2.64米，身長2.04—2.18米。東側頭雕獨角，頸披長鬃，垂尾；西側頭殘，頸豎短鬃，縛尾。

駝鳥一對，僅見殘塊。

仗馬二匹，位於東側，俱殘。殘高0.75—0.88米。背披鞍袱，置鞍韉，無蹬，繫鞦鞦，飾杏葉。馭手1尊，亦殘。

石人五尊，其中東側一尊，完好無損，已移光陵文管所保存。西側四尊。一立三僕，通高2.68米，頭戴高冠，冠前飾團花紋，兩側飾羽翅紋，廣袖長袍，袖口過膝，著靴，雙手拄五節劍於胸前。

玄武門仗馬三對，其中三匹已殘。通高0.98—1.16米，殘長1.73—1.99米。馭手俱沒。小石獅一尊，身高1.13米，身長0.76米。

四門石獅七尊。其中：青龍、白虎、朱雀三門各二尊，玄武門西側一尊，殘高1.30—1.82米，殘長0.87—1.30米，胸寬0.85米，方頭，眉骨凸起，雕工粗卑。東側已佚。

關於光陵陪葬墓，文獻記載為二座，即恭僖皇后王氏及貞獻皇后蕭氏。

墓前有清乾隆四十一年（1776），陝西巡撫華沅書〈唐穆宗光陵〉石碑一通，蒲城知縣馮方鄴立石。

▲ 1. 光陵陵山堯山及清代陝西巡撫畢沅碑

▲ 2. 陝西省人民政府文物保護碑

▲ 3. 光陵神道東側石柱

▲ 4. 光陵神道東側柱礎

▲ 5. 光陵神道東側柱身殘段一

▲ 6. 光陵神道東側柱身殘段二

▲ 7. 光陵神道東側柱頭

▲ 8. 光陵神道西側石柱殘件

▲ 9. 光陵神道西側石柱礎座

▲ 10. 光陵神道西側石柱柱身殘段一

▲ 11. 光陵神道西側石柱柱身殘段二

▲ 12. 光陵神道西側石柱柱頭

▲ 13. 光陵神道東側翼馬

▲ 14. 光陵神道西側翼馬

▲ 15. 光陵神道西側翼馬
(局部)

▲ 16. 光陵神道西側翼馬腹下雲
紋柱

▲ 17. 光陵神道東側仗馬一

▲ 18. 光陵神道東側仗馬二

▲ 19. 光陵神道西側石人一

▲ 20. 光陵神道西側石人一(前側)

▲ 21. 光陵神道西側石人(局部)

▲ 26. 光陵神道東側石獅(左邊)

▲ 22. 光陵神道西側石人二

▲ 23. 光陵神道西側石人三

▲ 24. 光陵神道西側石人四

▲ 25. 光陵神道東側石獅(背面)(右邊)

▲ 27. 光陵神道東側石獅(局部)

▲ 28. 光陵神道西側石獅(局部)

▲ 29. 光陵神道東側石獅
(局部)

▲ 33. 光陵青龍門南側
石獅殘塊

▲ 34. 光陵青龍門南側石
獅(局部)

▲ 30. 光陵神道西側石獅

▲ 35. 光陵青龍門南側石獅殘件

▲ 36. 光陵青龍門北側石獅

▲ 31. 光陵神道西側石獅(前側)

▲ 32. 光陵青龍門南側石獅

▲ 37. 光陵青龍門北側石獅(正側)

▲ 38. 光陵青龍門北側石獅

▲ 39. 光陵白虎門南側石獅

▲ 40. 光陵白虎門北側石獅

▲ 42. 光陵白虎門北側石獅(局部)

▲ 41. 光陵白虎門北側石獅(背部)

▲ 44. 光陵玄武門西側石獅　　▲ 45. 光陵玄武門西側石獅(後側)

▲ 46. 光陵玄武門西側石獅(局部)

▲47. 光陵玄武門仗馬一

▲48. 光陵玄武門仗馬二

▲49. 光陵玄武門仗馬三

▲50. 光陵玄武門仗馬四

▲51. 光陵玄武門仗馬五

▲52. 光陵玄武門仗馬六

▲53. 光陵玄武門仗馬石座

▲54. 光陵玄武門仗馬石座

十三 唐敬宗莊陵

　　莊陵位於陝西三原縣陵前鎮柴家窯村東之荊原上，東經109º01'，北緯34º43'。東南距同父異母弟武宗端陵5公里，北距堂弟懿宗簡陵21公里。1956年8月6日，陝西省公佈為第一批重點文物保護單位；2001年6月25日，國務院公佈為第五批全國重點文物保護單位。

　　墓主李湛（809—827），唐穆宗李恒長子。繼穆宗為唐朝第十三位皇帝。母恭僖皇后王氏。穆宗長慶元年（821）三月二十二日，封鄂王，翌年十二月二十日，冊立為皇太子。長慶四年（824）正月二十三日，十六歲的李湛被宦官擁立即位，翌年改元寶曆。由於社會動蕩，兵連禍結，在位沈溺遊樂，發明瞭騎驢打馬球，終日不理朝政。寶曆二年（826）十二月初八，夜獵還宮，與宦官劉克明、田務澄、許文端及擊球軍將蘇佐明等人置酒為歡，李湛入內殿更衣被殺害，享年十八歲，有五子三女，在位二年零十一個月。年號寶曆，廟號敬宗，陵號莊陵，諡號文武大聖廣孝皇帝。

　　荊原海拔515米，陵寢之南1200米處為斷崖，深約420米。文宗即位，以中書侍郎牛僧孺為禮儀使協助宰相裴度為山陵使營護山陵。堆土成陵。封域四十里，下宮去陵五里。文宗太和元年（827）七月十三日，葬敬宗於莊陵。

　　莊陵平面略呈正方形：東西長431米，南北寬480米。陵塚呈覆斗型，高約17米，底部邊長57米。陵園四面各闢一門，分別以青龍、白虎、朱雀、玄武四神命名。四角置角闕，朱雀門外設神道，其南築乳臺一對。

　　按照唐陵石刻組合規制，原置石刻有：四門各置石獅一對，石柱一對，翼馬一對，駝鳥一對，仗馬五對及馭手五對，石人十對，玄武門外仗馬三對及馭手三對。現存石刻：石柱一對，位於乳臺北70米處，俱已撲倒。東側裸露地面，高6.45米，西側已殘。

翼馬一對，位於石柱北24米處。東側撲地，垂尾；西側屹立，縛尾。通高2.15—2.65米。頭短頸長腿高。

駝鳥一隻，位於翼馬北24米處。其中西側遷移西安碑林博物館。形制同景陵。高1.10米，長1.50米。

仗馬二匹，俱殘。

石人五尊，其中東側三尊，西側二尊，頭俱被盜。殘高2.10—2.80米，東側形制同崇陵。石人腰帶前後均佩有花結長帛；西側形制同光陵。可惜的是，1996年5月3日晚，一夥不法之徒盜砸了莊陵神道五顆石人頭，目前，僅撿回一顆，現藏三原縣博物館。

朱雀門外蕃臣像八尊，俱殘。殘高約0.67—1.56米，著圓領窄袖袍，雙手拱握，著靴，腰繫環帶，飾銙具及佩刀等物。

四門石獅八尊。其中朱雀門外獅高1.80米，胸寬0.85米；玄武門外獅高1.15米，胸寬0.95米。

關於莊陵陪葬墓，《唐會要》卷二十一記載僅有悼懷太子李普一座。李普，敬宗李湛長子，母郭妃。初封普王，文宗即位後，視為己出，嘗欲為嗣，惜其病亡，年僅五歲，文宗撫念甚厚，冊贈悼懷太子。

墓前有清代陝西巡撫畢沅書〈唐敬宗莊陵〉石碑一通。

▲ 1. 莊陵封土堆

▲ 2. 清代陝西巡撫畢沅碑

▲ 3. 陝西省人民政府文物保護碑

▲ 4. 莊陵神道東側石柱礎座

▲ 5. 莊陵神道東側石柱柱身

▲ 6. 莊陵神道東側石柱柱頭

▲ 7. 莊陵神道西側柱身及柱頭

▲ 8. 莊陵神道東側翼馬

▲ 9. 莊陵神道西側翼馬

▲ 10. 莊陵神道西側翼馬
(局部)

▲11. 莊陵神道東側南一石人

▲12. 莊陵神道東側南七石人

▲13. 莊陵神道東側南七　▲15. 莊陵神道東側石人
石人(右前側)　頭(失而復得)

▲14. 莊陵神道東側南九石人

▲16. 莊陵神道西側南一石人基座　曹紅衞 攝

▲17. 莊陵神道西側南六石人　曹紅衞 攝

▲ 18. 莊陵神道西側南六石人
(正側) 曹紅衛 攝

▲ 19. 莊陵神道西側南六石人
(左前側) 曹紅衛 攝

▲ 20. 莊陵神道西側南六石人
(局部) 曹紅衛 攝

▲ 21. 莊陵神道西側南九石人
曹紅衛 攝

▲ 22. 莊陵神道西側南九石人
(前側) 曹紅衛 攝

▲ 23. 莊陵神道西側南九石人
(正側) 曹紅衛 攝

▲ 24. 莊陵神道西側南九石人
(局部) 曹紅衛 攝

▲ 25. 莊陵神道西側仗馬及馭手

▲ 26. 莊陵神道西側仗馬

▲ 27. 莊陵神道西側馭手　　　　▲ 29. 莊陵神道西側蕃酋一　　　　▲ 30. 莊陵神道西側蕃酋二

▲ 28. 莊陵神道西側蕃酋　　　　　▲ 31. 莊陵神道西側蕃酋像一

▲ 32. 莊陵神道西側蕃酋像二　　▲ 33. 莊陵青龍門北側石獅　　▲ 34. 莊陵青龍門北側石獅(左前側)　　▲ 35. 莊陵青龍門北側石獅(右前側)

▲ 36. 莊陵青龍門南側石獅(局部)

▲ 39. 莊陵青龍門南側石獅(左前側)

▲ 37. 莊陵青龍門南側石獅

▲ 40. 莊陵青龍門南側石獅(右前側)

▲ 41. 莊陵青龍門南側石獅(背部)

▲ 38. 莊陵青龍門南側石獅(正側)

▲ 42. 莊陵白虎門石獅

▲ 43. 莊陵白虎門南側石獅(左前側)

▲ 44. 莊陵白虎門南側石獅(右前側)

▲ 45. 莊陵白虎門南側石獅(局部)

▲ 46. 莊陵白虎門北側石獅(左前側)

▲ 47. 莊陵白虎門北側石獅(右前側)

▲ 48. 莊陵朱雀門石獅

▲ 49. 莊陵朱雀門東側石獅

▲ 50. 莊陵朱雀門東側石獅(左前側)

▲ 51. 莊陵朱雀門東側石獅(右前側)

▲ 52. 莊陵朱雀門東側石獅(局部)

▲ 53. 莊陵朱雀門西側石獅

▲ 54. 莊陵朱雀門西側石獅

▲ 55. 莊陵朱雀門西側石獅
(右前側)

▲ 56. 莊陵朱雀門西側石獅
(局部)

▲ 57. 莊陵玄武門石獅

▲ 58. 莊陵玄武門東側石獅

▲ 59. 莊陵玄武門東側石獅
(左前側)

▲ 60. 莊陵玄武門東側石獅
(右前側)

▲ 61. 莊陵玄武門西側石獅

▲ 62. 莊陵玄武門西側石獅
(左前側)

▲ 63. 莊陵玄武門西側石獅
(右前側)

十四 唐文宗章陵

　　章陵位於陝西富平縣宮裏鎮箭桿嶺村天乳山南麓。東經109°07'，北緯34°53'，1956年8月6日，陝西省公佈為第一批重點文物保護單位；2001年6月25日，國務院公佈為第五批全國重點文物保護單位。

　　墓主李昂（809—840），唐穆宗李恒次子。繼敬宗為唐朝第十四位皇帝。憲宗元和四年（809）十月初十，生於長安城東內大明宮別殿，母貞獻皇后蕭氏。穆宗長慶元年（821），封江王，改名涵。寶曆二年（826）十二月初八，宦官劉克明殺死敬宗後矯詔，脅迫憲宗李純第六子絳王李悟為帝。兩天後，宦官王守澄、梁守謙等率領神策軍殺死絳王，改立十八歲的李涵正式於宣政殿即位，同時改名昂。翌年改元太和。昂性仁孝，恭儉儒雅，勤於理政。太和九年（835）十一月二十一日，「甘露之變」失敗後，李昂被宦官仇士良軟禁，逼迫李昂下詔，誅殺宰相舒元輿等朝官一千餘人。此時，李昂的兒子已經全部死去，開成四年（839年），李昂便立哥哥敬宗李湛幼子、自己的侄子李成美為皇太子。開成五年（840）正月，李昂自感命數已盡，命樞密使劉弘逸等召宰相楊嗣復和李珏，要求他倆輔佐太子李成美，而宦官仇士良和魚弘誌矯詔，廢皇太子為陳王，立李昂之弟李瀍為皇太弟。正月初四，李昂駕崩於長安城大明宮太和殿，有二子四女，在位十三年。年號太和、開成，廟號文宗，陵號章陵，諡號元聖昭獻孝皇帝。史臣評論李昂是「有帝王之道，而無帝王之才。」

　　章陵因山為陵，坐北向南，天乳山海拔783米，四周平緩，兩峰隆起，狀如雙乳，封域四十里，下宮去陵三里。陵園平面近似正方形，東西長約1350米，南北寬約1300米。內城四面各闢一門，分別以青龍、白虎、朱雀、玄武四神命名。四隅建角闕。朱雀門外設神道，神道長約500米，其南築乳臺一對。

　　按照唐陵石刻組合規制，原置石刻有：四門各置石獅一對，朱雀門石柱一對，翼馬一對，駝鳥一對，仗馬五對及馭手五對，石人十對，玄武門外仗馬三

對及馭手三對。現存石刻：石柱一對，直徑1.01米，稜面寬度不等，殘高2.60米，現沒入地下。

仗馬三匹，位於西側，俱殘。考古發掘後已回填。

石人十二尊，其中東側九尊，頭部俱殘；西側三尊，其中二尊完整，一尊頭殘，殘高1.75米，胸寬0.55米。另有石人基座3處。考古發掘後已回填。

蕃臣像四尊，位於神道西側石人之北，殘高0.64—0.80米，肩寬0.63米，基座長、寬各為0.62米，高0.14米。

石獅二尊，位於朱雀門外，已沒入地下，其餘三門已佚。

關於章陵陪葬墓，《長安誌》記載僅為一座，即賢妃楊氏墓。

▲ 1. 章陵陵山天乳山

▲ 2. 陝西省人民政府文物保護碑

▲ 3. 章陵神道西側石人

▲ 4. 章陵神道西側石人(局部)

▲ 5. 章陵神道西側蕃酋像

十五 唐武宗端陵

　　端陵位於陝西三原縣徐木鄉桃溝村東北徐木原西側。東經109° 05'，北緯 34° 42'。東距唐高祖獻陵約5公里，西北距唐代宗元陵約6公里。1956年8月6 日，陝西省公佈為第一批重點文物保護單位；2001年6月25日，國務院公佈為 第五批全國重點文物保護單位。

　　墓主李炎（814—846），唐穆宗李恒第五子，繼文宗為唐朝第十五位皇 帝。本名瀍。憲宗元和九年（814）六月十一日生於東宮，母宣懿皇后韋氏。 穆宗長慶元年（821）三月封潁王，開成五年（840）正月初四，文宗駕崩後， 宦官仇士良等矯詔，擁立二十七歲的李瀍以皇太弟身份繼位。翌年改元會昌， 繼位後，任用李德裕為宰相，整頓朝綱。一方面限制藩鎮勢力，另一方面，抗 擊回鶻侵擾，同時剪除了仇士良等宦官勢力。李瀍信奉道教，在道士趙歸真 等人的遊說下和宰相李德裕的支持下，遂起滅佛之舉，佛界稱之為「會昌法 難」。

　　會昌六年（846）三月十一日，李瀍聽信道士胡言亂語，改名炎。然而， 就在改名後第十二天即三月二十三日，因久食金丹，暴崩於長安大明宮，享 年三十三歲，有五子七女，在位六年零三個月。年號會昌，廟號武宗，陵號端 陵，謚號至道昭肅孝皇帝。同年八月初三，葬端陵。

　　宣宗立，(李讓夷)進司空、門下侍郎，為大行山陵使。未復土，拜淮南 節度使。（《新唐書》卷一百八十一、列傳第一百六、第5351頁）。武宗崩， (李)回充山陵使，祔廟竟，出為成都尹、劍南西川節度。（《舊唐書》卷 一百七十三、列傳第一百二十三、第4502頁）。堆土成陵，封域四十里，下宮 去陵四里。徐木原西側海拔540米，陵寢之南約1500米處為斷崖，落差約140 米。端陵平面略呈方形，東西長540米，南北寬593米。封土底部東西長58米， 南北寬60米，高15米。設內、外兩重城垣，內城四面各闢一門，分別以青龍、

白虎、朱雀、玄武四神命名。四隅建角闕，朱雀門外設神道，全長248米，其南端築乳臺1對，再往南為鵲臺1對。陵塚呈覆斗型，底部東西長約58米，南北寬約60米，高約15米。

按照唐陵石刻組合規制，原置石刻有：四門各置石獅一對，朱雀門石柱一對，翼馬一對，駝鳥一對，仗馬五對及馭手五對，石人十對，玄武門外仗馬三對及馭手三對。現存石刻：石柱一通，位於東側，裸露地面高7.22米，柱身高6.76米，八稜面，均線刻蔓草紋飾，形制與建陵同。西側殘毀。

翼馬兩匹，位於石柱北9.80米處，通高2.75—2.85米，長2.80—2.85米，寬1.05—1.10米，石座長2.15米，寬1.10米，厚0.32米。東側撲地。翼馬頸長頭短腿高，形制與莊陵同。西側屹立。

駝鳥一屏，原位於翼馬北約10米處，高、長均為1.17米，石屏長2.20米，寬1.47米，厚0.35米。體態肥碩，尾禿腿短，今移存西安碑林博物館。

仗馬二匹，均殘。位於西側翼馬附近。體長1.60米。背披鞍袱，置鞍韉，無蹬，繫鞅鞦，尾下垂。

石人四尊，位於翼馬北約80米處。其中東側三尊（二尊頭殘），為持笏文官，殘高2.0—2.93米，腰帶下垂，前後均無長帛花結；西側一尊（頭殘），為劍武官，殘高2.89米，形制與莊陵同。可惜的是，1996年2月23日晚，一夥不法之徒盜竊了石人頭，至今沒能追回。

四門石獅六尊，青龍、白虎、朱雀三門俱在，通高1.6—2.05米，體長1.25—1.41米，胸寬0.9—0.98米，每對石獅相距14—23米，距門約10米，均為蹲踞狀，形制同莊陵，玄武門石獅俱毀。

玄武門外馭手一尊，頭殘，高1.40米，著圓領窄袖袍，腰繫革帶，足蹬長靴。

關於端陵陪葬墓，《長安誌》卷二十記為1座，即武宗賢妃王氏。武宗駕崩後，王氏「自頸幄下」，以身殉之。宣宗即位後，感其節義，追贈賢妃，葬於端陵柏城之內。

▲1. 端陵封土堆及陝西省政府文物保護碑

▲2. 端陵神道東側石柱

▲3. 端陵神道東側石柱(局部)

▲4. 端陵神道東側翼馬

▲5. 端陵神道西側翼馬

▲6. 端陵神道西側翼馬(局部)

▲7. 端陵神道西側翼馬腹下雲紋柱

▲8. 端陵鴕鳥(現遷西安碑林博物館)

▲ 9. 端陵神道西側仗馬一

▲ 10. 端陵神道西側仗馬二

▲ 11. 端陵神道東側石人

▲ 12. 端陵神道東側
石人一

▲ 13. 端陵神道東側
石人一(前側)

▲ 14. 端陵神道東側石人一(局部)

▲ 15. 端陵神道東側石人二

▲ 16. 端陵神道東側石人二
(前側)

▲ 17. 端陵神道東側石人二(局部)

▲ 20. 端陵神道東側石人三 (局部)　　▲ 21. 端陵神道東側石人三(局部)

▲ 18. 端陵神道東側石人三　　▲ 19. 端陵神道東側石人三(前側)

▲ 22. 端陵神道西側石人

▲ 23. 端陵神道西側石人(前側)

▲ 24. 端陵神道石人 (文革時期被鑿為牛槽)　　▲ 25. 端陵神道石人 (文革時期被鑿為牛槽)　　▲ 26. 端陵神道石人 (文革時期被鑿為牛槽)

▲ 27. 端陵青龍門石獅

▲ 28. 端陵青龍門南側石獅

▲ 29. 端陵青龍門南側石獅

▲ 30. 端陵青龍門南側石獅(局部)

▲ 31. 端陵青龍門北側石獅

▲ 32. 端陵青龍門北側石獅

▲ 33. 端陵青龍門北側石獅(局部)

▲ 34. 端陵白虎門石獅

▲ 35. 端陵白虎門南側石獅(局部)

▲ 36. 端陵白虎門南側石獅

▲ 37. 端陵白虎門南側石獅

▲ 39. 端陵白虎門北側石獅

▲ 38. 端陵白虎門北側石獅

▲ 40. 端陵白虎門北側石獅
(局部)

▲ 42. 端陵朱雀門石獅

▲ 41. 端陵白虎門北側石獅(局部)

▲43. 端陵朱雀門東側石獅

▲44. 端陵朱雀門東側石獅(局部)

▲46. 端陵朱雀門東側石獅(局部)

▲45. 端陵朱雀門東側石獅
(局部)

▲47. 端陵朱雀門西側石獅

▲49. 端陵朱雀門西側石獅
(局部)

▲50. 端陵朱雀門西側石獅
(局部)

▲48. 端陵朱雀門西側石獅

十六 唐宣宗貞陵

　　貞陵位於陝西涇陽縣白王鎮崔黃村北北仲山南麓。橫跨涇陽、淳化兩縣，東經108º39'，北緯34º43'。1956年8月6日，陝西省人民政府公佈為第一批重點文物保護單位；2001年6月25日，國務院公佈為第五批全國重點文物保護單位。

　　墓主李忱（810—859），原名怡，唐憲宗李純第十三子，敬宗、文宗、武宗叔父，繼武宗為唐朝第十六位皇帝。元和五年（810）六月生於長安大明宮。母孝明皇后鄭氏。穆宗長慶元年（821）三月二十二日，封為光王，會昌六年（846）三月二十三日，武宗食丹暴崩，三十七歲的李怡被宦官馬元贄迎入宮中，立為皇太叔，並改名忱。二十六日於武宗靈柩前即位。翌年改元大中。

　　李忱在位期間，結束了牛李黨爭，打擊不法權貴和外戚，為死於「甘露之變」中除鄭註和李訓外的百官平反昭雪，史稱「大中之治」。尚能收復河隴一帶失地，被譽為「小太宗」。

　　大中十三年（859）八月初七，李忱因服食丹藥，暴崩於長安城大明宮咸寧殿。享年五十歲，有十一子十一女，在位十三年零五個月，年號大中，廟號宣宗，陵號貞陵，諡號聖武獻文孝皇帝、元聖至明成武獻文睿智章仁神聰懿道大孝皇帝。懿宗咸通元年（860）二月十五日，葬宣宗於京兆雲陽縣（今陝西雲陽縣）西北四十里之北仲山。

　　北仲山海拔1560米，東傍冶峪河，西臨涇河，山環水抱，巍峨壯觀。山南地勢平緩。以司空夏侯孜為山陵使、昭門下待郎、平章事令狐綯攝冢宰。(《舊唐書》卷十八下、本紀第十八下、第645頁)。封域一百二十里，下宮去陵十里。貞陵設內、外兩重城垣，內城呈不規則曲尺形，四面各闢一門，分別以青龍、白虎、朱雀、玄武四神命名。方向北偏西9°，東西兩門直線距離2066.8

米。南北兩門直線距離3395.3米。城垣四隅建角闕樓。其中東南與西南二角闕樓址相距1680米，東南與東北二角闕樓址相距2985米。朱雀門外置神道，神道全長505米，寬（自南而北）83—60米。

按照唐陵石刻組合規制，原置石刻有：四門各置石獅一對，朱雀門石柱一對，翼馬一對，駝鳥一對，仗馬五對及馭手五對，石人十對，玄武門外仗馬三對及馭手三對。現存石刻：石柱一對，位於乳臺北24米處，形制同建陵。東側通高8.06米，其中頂高1.90米，呈桃形，柱身為八稜狀，各面均陰線刻蔓草花紋圖案。基座呈方形，長寬各1.56米，高0.65米，與柱身接觸處為覆蓮瓣紋飾。西側柱身斷裂，通高7.83米，其中頂高1.90米，呈桃形，柱身為八稜狀，各面均陰線刻蔓草花紋圖案。原基座已佚，現由兩塊石頭拼對而成。

翼馬一對，位於石柱北26米處。東側通高2.61米，長2.80米。頭似河馬，無角，垂尾，前蹄大小不一，造型粗俗，整體比例失調，疑似徒工雕造。石座東西長2.18米，南北寬1.10米，高0.28米。礎座為兩層，上層長2.50米，寬1.32米，高0.34米；下層長2.89米，寬1.55米，高0.35米。西側馬高2.55米，長2.73米。頂有獨角，角長0.34米，寬0.17米，殘高0.17米，縛尾，臀部後傾，雕工欲現拙樸。背上前後分佈有24個圓窩，窩徑3—8釐米，窩深0.5—1釐米。石座東西長2.19米，南北寬1.08米，高0.34米。礎座為兩層，上層長2.60米，哭1.40米，高0.40米；下層長2.92米，寬1.55米，高0.37米。二馬四肢之間不鏤空，並在四面飾捲雲紋圖案，左右翼翅從前肢跟部至頸上相連。

駝鳥一隻，位於東側翼馬北24米處。石屏長2.05米，高1.56米，厚0.41米；石座長2.33米，寬0.80米，高0.33米。腿短如鴨，屏面飾滿浮雕山石，殘損嚴重。西側已佚。

仗馬六匹，位於駝鳥北24米處。其中東側二匹，無頭；殘高1.52—1.93米。西側四匹。仗馬與仗馬間距24米。其中三匹頭殘，完整者通高1.59米，長2.03米。頭戴攸勒，頸繫鈴鐺。兩側馭手俱佚，僅見石座。

石人十六尊，位於駝鳥北43米處。東文西武（其中西側南四為文官），其中東側七尊，皆頭戴冠，身著寬袖長袍，雙手握笏舉於胸前，不同之處在於：三尊足蹬三梁圭形頭履，三尊足蹬圓頭履。西側九尊石人，服飾與東側同。唯全部足蹬圓頭履，其中五尊雙手拄劍於胸前，一尊雙手握笏舉於胸前，一尊長鬚，二尊深目高鼻，兩腮留長鬚，當為少數民族形象。石人與石人間距24米。

通高2.70—2.93米，石座長0.91—0.95米，寬0.52—0.68米，高0.22—0.23米；礎座長1.20—1.32米，寬0.87—0.98米，高0.42—0.54米。

四門石獅四對，形制同崇陵。其中朱雀門外東側完好，西側殘甚，兩獅相距22.45米，其中東側石獅高1.8米，胸寬0.9米，石座南北長1.36米，東西寬1.05米，厚0.26米；石基座長1.73米，寬1.30米，厚0.30米。西側石獅頭及前肢俱失，石基座南北長1.90米，東西寬1.30米，厚0.34米。青龍門石獅西距門址14米，兩獅相距13米，南僕北立，南側高1.75米，胸寬0.83米，石座東西長1.36米，南北寬0.92米，高0.33米；石基座長1.77米，寬1.27米，高0.34米；北側高1.72米，胸寬0.86米，完好無損。石座東西長1.43米，南北寬1.05米，高0.31米；石基座長1.72米，寬1.35米，高0.32米。白虎門1對，蹲踞於門址西側325米處的山梁上，呈東北、西南狀。一南一北，二者相距9.30米，北側高1.58米，胸寬0.93米，石座東西長1.33米，南北寬1.10米，高0.25米；石基座長1.83米，寬1.25米，高0.30米；南側高1.68米，胸寬0.80米，石座東西長1.31米，南北寬1.10米，高0.24米；石基座係用兩塊石頭拼接而成，長1.70米，寬1.36米，高0.32米。玄武門外二尊石獅現已遷入陝西淳化縣文博館保存。

玄武門外仗馬四匹，其中二匹俱殘。位於石獅北約55米處。仗馬東西相距24米，南北間距24米。完整者馬高1.62—1.72米，長1.92—2.00米。現已遷入陝西淳化縣文博館保存。

▲ 1. 貞陵陵山北仲山

▲ 2. 陝西省人民政府文物保護碑

▲ 4. 貞陵神道東側石柱 (局部)

▲ 5. 貞陵神道西側石柱

▲ 6. 貞陵神道西側石柱 (局部)

▲ 3. 貞陵神道東側 石柱

▲ 7. 貞陵神道東側翼馬

▲ 8. 貞陵神道東側翼馬

▲ 9. 貞陵神道東側翼馬腹下雲紋柱

▲ 10. 貞陵神道西側翼馬

▲11. 貞陵神道西側翼馬(局部)

▲12. 貞陵神道西側翼馬腹下雲紋柱

▲13. 貞陵神道東側鴕鳥

▲14. 貞陵神道東側南一仗馬

▲15. 貞陵神道東側南二仗馬

▲6. 貞陵神道東側南五仗馬馭手基座

▲17. 貞陵神道西側南一仗馬

▲18. 貞陵神道西側南二仗馬

▲19. 貞陵神道西側南二仗馬

▲20. 貞陵神道西側南二仗馬

▲21. 貞陵神道西側南三仗馬

▲22. 貞陵神道西側南三仗馬

▲23. 貞陵神道西側南四仗馬

▲24. 貞陵神道西側南四仗馬

▲ 25. 貞陵神道東側南
一石人

▲ 26. 貞陵神道東側南
一石人(前左側)

▲ 27. 貞陵神道東側
南一石人(前右側)

▲ 28. 貞陵神道東側南
三石人

▲ 29. 貞陵神道東側南
三石人(前右側)

▲ 30. 貞陵神道東側
南四石人

▲ 31. 貞陵神道東側南
四石人(前右側)

▲ 32. 貞陵神道東側南
五石人

▲ 33. 貞陵神道東側南
六石人

▲ 34. 貞陵神道東側南
六石人(前右側)

▲ 35. 貞陵神道東側南
八石人

▲ 36. 貞陵神道東側南
八石人(前右側)

▲ 37. 貞陵神道東側南
九石人

▲ 38. 貞陵神道西側
南一石人

▲ 39. 貞陵神道西側
南三石人

▲ 40. 貞陵神道西側南
四石人(文官)

▲ 41. 貞陵神道西側南
四石人(前左側)

▲ 42. 貞陵神道西側
南五石人

▲ 43. 貞陵神道西側南
五石人(前左側)

▲ 44. 貞陵神道西側南
六石人

▲ 45. 貞陵神道西側南
七石人

▲ 46. 貞陵神道西側南
八石人

▲ 47. 貞陵神道西側南
九石人

▲ 48. 貞陵神道西側南
九石人

▲ 50. 貞陵神道石人
(局部)

▲ 51. 貞陵神道石
人(局部)

▲ 52. 貞陵神道石
人(局部)

▲ 49. 貞陵神道西側南十石人

▲ 53. 貞陵神道石人
(局部)

▲ 54. 貞陵神道石
人(局部)

▲ 55. 貞陵神道石
人(局部)

▲ 56. 貞陵神道石人
(局部)

▲ 57. 貞陵神道石人
(局部)

▲ 58. 貞陵神道石人
(局部)

▲ 59. 貞陵神道石人
(局部)

▲ 60. 貞陵神道石人(局部)

▲ 61. 貞陵青龍門南側石獅(後側)

▲ 62. 貞陵青龍門南側石獅

▲ 63. 貞陵青龍門南側石獅(局部)

▲ 64. 貞陵青龍門北側石獅

▲ 65. 貞陵青龍門北側石獅(前左側)

▲ 66. 貞陵青龍門北側石獅(局部)

▲ 67. 貞陵白虎門石獅

▲ 68. 貞陵白虎門石獅

▲ 69. 貞陵白虎門石獅

▲72. 貞陵朱雀門東側石獅
(局部)

▲70. 貞陵朱雀門東側石獅　　▲71. 貞陵朱雀門東側石獅

▲73. 貞陵朱雀門東側石獅
(局部)

▲74. 貞陵朱雀門西側石獅　　▲75. 貞陵朱雀門西側石獅

▲77. 貞陵玄武門石獅(現遷陝
西淳化縣文博館) 曹紅衛 攝

▲76. 貞陵玄武門仗馬(現遷陝西淳化縣文博館)
李浪濤 攝

▲78. 貞陵玄武門石獅(現遷陝
西淳化縣文博館) 曹紅衛 攝

十七 唐懿宗簡陵

　　簡陵位於陝西富平縣莊里鎮東窯裏村村北的紫金山（又名虎頭山）中峰南麓。東南距代宗元陵3.5公里。東經109º03'，北緯34º54'。1956年8月6日，陝西省公佈為第一批重點文物保護單位；2001年6月25日，國務院公佈為第五批全國重點文物保護單位。

　　墓主李漼（833—873），原名溫，唐宣宗李忱長子，繼宣宗為唐朝第十七位皇帝。文宗太和七年（833）十一月十四日生於李忱藩邸，大中元年（847）封鄆王。李忱雖為長子，不受寵愛，居十六王宅，兄弟十人，皆居禁中。宣宗病危時，密詔樞密使王歸長等三人入宮，擬立三子李滋為皇太子，而左神策護軍中尉王宗實等矯詔立鄆王為皇太子，改名漼。大中十三年（859）八月初七，李忱因久服丹藥暴崩於大明宮咸寧殿。八月初九，二十七歲的李漼於宣宗靈柩前即位，翌年改元咸通。

　　李漼在位期間，不思進取，驕奢淫逸，寵信宦官，迎奉佛骨，廣建佛寺，大造佛像。吏治腐敗，外出遊玩，隨從多至十餘萬人。翰林學士劉允章上〈直諫書〉，指出國有九破，民有八苦。咸通十四年（873）七月十九日，李漼因病駕崩於長安咸寧殿，享年四十歲。有八子八女，在位十三年零十一個月。年號咸通，廟號懿宗，陵號簡陵，謚號睿文昭聖恭惠孝皇帝。乾符元年（874）二月初五，葬懿宗於簡陵。

　　紫金山海拔889米。東、西兩峰如翼。封域四十里，下宮去陵七里。懿宗臨終前，遺詔以司空、門下侍郎、平章事韋保衡攝塚宰支持營建簡陵。要求「其山陵制度，切在簡約，並不得於金銀錦繡文飾喪具。」僖宗欲大修陵寢以盡孝道。終因政局不穩，國庫空虛，致使簡陵工程顯得十分簡陋。

　　陵園城垣依山而築。平面略呈方形，內城四面各闢一門，分別以青龍、白虎、朱雀、玄武四神命名。四門外各置石獅一對，並夯築雙闕。青龍、白虎二

門的闕址分別築於海拔814米和883米的山峰上。

按照唐陵石刻組合規制，原置石刻有：四門各置石獅一對，朱雀門石柱一對，翼馬一對，駝鳥一對，仗馬五對及馭手五對，石人十對，玄武門外仗馬三對及馭手三對。現存石刻：翼馬一對。位於乳臺北約90米處，通高2.00—2.10米，長2.00—2.06米，寬1.05—1.20米。兩馬頭上均有獨角，東小西大。1991年移至陝西省歷史博物館保存。

仗馬二匹，均在神道西側。位於翼馬北45米處。兩馬背置鞍韉，披鞍袱，無蹬，皆殘。馭手皆佚。

石人二尊，均在神道西側，為武官形象。頭部均殘。南數第一石人位於仗馬北22米處。通高2.40米，胸寬0.85米，著寬袖長袍，腰繫革帶，足蹬靴子，雙手拄劍恭立。

朱雀門蕃臣像二尊，頭部皆殘。一尊身高1.30米，肩寬0.50米，身穿圓領窄袖袍，腰繫環帶，足蹬長靴，胸前繫兩飄帶，雙手前恭；一尊身高1.28米，肩寬0.50米，身穿圓領窄袖袍，要繫革帶，足蹬小靴，胸前兩側各飾髮辮一條，雙手恭握於胸前。

玄武門外仗馬四匹，其中東側一匹，西側三匹，均殘。另西側中間的一匹仗馬旁有馭手一尊，頭殘。小石獅四尊，蕃臣像二尊，俱殘。

四門石獅七尊，其中青龍門一對，通高1.40—1.95米，長1.15—1.40米，胸寬0.87—1.20米。座高0.22—0.25米，長1.40—1.77米，寬1.05—1.20米。白虎門一對，已遷入富平文廟保存，現地存複製品。朱雀門西側石獅曾經被盜追回，現已移入富平縣文廟保存；西側已佚。玄武門一對。

▲ 1. 簡陵陵山紫金山

▲ 2. 陝西省人民政府文物保護碑

▲ 3. 簡陵神道翼馬(現遷陝西省歷史博物館東側)
蔡昌林 攝

▲ 4. 簡陵神道翼馬(現遷陝西省歷史博物館西側)
蔡昌林 攝

▲ 5. 簡陵神道西側仗馬一

▲ 6. 簡陵神道西側仗馬一(前側)

▲ 7. 簡陵神道西側仗馬二

▲ 8. 簡陵神道西側仗馬二(前側)

▲ 9. 簡陵神道西側石人一

▲ 10. 簡陵神道西側石人一(前側)

▲ 11. 簡陵神道西側石人二

▲ 12. 簡陵神道西側石人二(前側)

▲ 13. 簡陵神道西側石人二(正側)

▲ 14. 簡陵神道西側石人二(背側)

▲ 15. 簡陵青龍門石獅

▲ 16. 簡陵青龍門南側石獅

▲ 17. 簡陵青龍門北側石獅

▲ 18. 簡陵朱雀門西側石獅

▲ 19. 簡陵玄武門東側石獅

▲ 20. 簡陵玄武門西側石獅

▲ 21. 簡陵玄武門東側南一仗馬

▲ 22. 簡陵玄武門東側南一仗馬

▲ 23. 簡陵玄武門西側仗馬一

▲ 24. 簡陵玄武門西側仗馬二

▲ 25. 簡陵玄武門西側仗馬二

十八 唐僖宗靖陵

　　靖陵是唐僖宗李儇的陵墓，位於陝西乾縣鐵佛鄉南陵村東南約150米處。東經108º16'，北緯34º34'。西距唐高宗乾陵4.5公里，東北距唐肅宗建陵15.5公里。1956年8月6日，陝西省公佈為第一批重點文物保護單位；2001年6月25日，國務院公佈為第五批全國重點文物保護單位。

　　墓主李儇（862—888），唐懿宗李漼第五子。繼懿宗為唐朝第十八位皇帝。咸通三年（862）五月初八，生於長安城東內大明宮。母惠安皇后王氏。本名儼，初封普王，咸通十四年（873）七月十六日，懿宗病危，十八日，被左軍中尉劉行深及右軍中尉韓文約等矯詔，強行立為皇太子，同時改名儇。十九日，懿宗病崩，十二歲的李儇於懿宗柩前即位，翌年十一月，改元乾符。

　　李儇在位時，劉行深、韓文約居中執政，並封國公。不久，朝政又由其阿父、神策軍中尉田令孜把持，各地傭兵節度使坐視觀望，社會矛盾加劇惡化。廣明元年（880）十二月，黃巢攻克長安，建立大齊政權，李儇束手無策，出逃成都。光啟元年（885）三月，李儇返回長安。同年十二月，李克用進逼長安，神策軍中尉田令孜再度挾持李儇出奔鳳翔（今陝西寶雞）。翰林學士劉允章在上僖宗〈直諫書〉中稱「國有九破」、「民有八苦、五去。」並總結道：「人有五去而無一歸，有八苦而無一樂，國有九破而無一成。」文德元年（888）二月十四日，李儇還京，三月初六，特製其弟壽王李傑為皇太弟，同時改名敏，勾當軍國事。是夕，崩於長安城太極宮之武德殿（《資治通鑑》卷二百五十七記為靈符殿），享年二十七歲。有二子二女，在位十四年零八個月。年號乾符、廣明、中和、光啟、文德。廟號僖宗。陵號靖陵。謚號惠聖恭定孝皇帝。是年十月二十七日，葬僖宗於京兆奉天縣東北十里雞子堆之靖陵。

　　靖陵海拔806米。地勢北高南低，東臨白馬溝，西隔豹峪溝，南對隋恭帝陵寢，北對佛教聖地清涼山。1994年12月30日晚，一夥不法之徒竟用炸藥在靖

陵封土堆南側炸出一個16米深的盜洞，對地宮造成了嚴重的破壞。經有關部門批准，陝西省考古研究所（今陝西省考古研究院）對靖陵實施了搶救性的發掘。令人驚訝的是，懿宗的石棺床竟然是用乾陵陪葬墓尚書左僕射豆盧欽望和左僕射楊再思墓碑做成，說明當時國力確實到了「國用無取」的地步，而山陵營建者只能「就地取材」，兩碑現存乾陵博物館。

　　靖陵係堆土成陵。封域四十里，下宮去陵五里。陵冢呈覆斗型，夯土而築，今底部邊長約48.5米，高約8.6米，頂部每邊長約8米。內城東西長450米，南北寬471.80米，城垣四面各闢一門，分別以青龍、白虎、朱雀、玄武四神命名。城垣四隅築角樓。朱雀門外置神道，神道全長619.20米。

　　按照唐陵石刻組合規制，原置石刻有：四門各置石獅一對，朱雀門石柱一對，翼馬一對，駝鳥一對，仗馬五對及馭手五對，石人十對，玄武門仗馬三對及馭手三對。現存石刻：石柱一對，位於乳臺闕址北24米。東側柱身為原件，殘高3.50米，覆盆蓮式礎座，八稜柱身，稜面寬0.23—0.26米不等，蓮苞狀柱頂，柱身紋飾漫漶不清；西側石柱原埋入地下，後被挖出扶正，高度不明，礎座長1.07米，寬1.00米。

　　翼馬一件，位於神道西側石柱北26米處，頭脖俱殘，殘高1.53米，長1.46米，寬0.70米；基座長1.40米，寬0.77米，厚0.39米。馬身兩側鐫刻捲雲紋樣雙翼，腹下充實，體態健壯，四肢強健。東側已佚。

　　仗馬五匹，皆殘。其中：東側二匹，殘高0.70米，殘長1.24米，寬0.52米。披鞍韉，頸下戴鈴鐺五顆，臀部左右各飾鈴鐺三顆；西側三匹，頭殘。殘長1.40米，高0.76米，寬0.56米，披鞍韉。馭手皆無。

　　石人三尊，其中東側二尊，西側一尊。東側露出地面高0.56米，頭殘，身著寬袖長袍，束腰帶，殺手握笏舉於胸前，西側殘高1.59米，身著寬袖長袍，束腰帶，雙手拄劍。

　　另有蕃酋石像一尊，現放置於西側石人之北。

　　石獅二尊，位於朱雀門外，石獅塊殘高0.70米，殘長0.47米，西側殘甚。造型風格不明。疑為從他陵移遷而來。

▲ 1. 靖陵封土堆及清代陝西巡撫畢沅碑

▲ 2. 陝西省人民政府文物保護碑

▲ 3. 靖陵神道東側石柱　▲ 4. 靖陵神道西側石柱

▲ 5. 靖陵神道西側石柱柱礎

▲ 6. 靖陵神道西側
石柱柱頭

▲ 9. 靖陵神道西側翼馬
(背部)

▲ 7. 靖陵神道西側翼馬

▲ 8. 靖陵神道西側翼馬(前側)

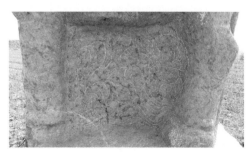

▲ 10. 靖陵神道西側翼馬腹下雲紋柱

▲ 11. 靖陵神道東側仗馬一

▲ 12. 靖陵神道東側仗馬一(前側)

▲ 13. 靖陵神道東側仗馬二

▲ 14. 靖陵神道東側仗馬
(局部)

▲ 15. 靖陵神道東
側仗馬(背部)

▲ 16. 靖陵神道東側仗
馬(背部)

▲ 17. 靖陵神道西側仗馬一

▲ 18. 靖陵神道西側
仗馬一(背部)

▲ 19. 靖陵神道西側仗馬二

▲ 20. 靖陵神道西側仗馬三

▲ 21. 靖陵神道東側石人

▲ 22. 靖陵神道東側持笏版石人
劉向陽 攝

▲ 23. 靖陵神道西側石人

▲ 24. 靖陵神道西
側石人(前側)

▲ 25. 靖陵神道西側石人
(背部)

▲ 26. 靖陵神道西側持笏石人
劉向陽 攝

▲ 27. 靖陵神道東側石獅
劉向陽 攝

▲ 28. 靖陵神道西側石獅

十九 唐昭宗和陵

　　和陵位於河南偃師市緱氏鎮景山之側。東南距孝敬皇帝李弘恭陵約1.5公里。2011年，和陵被公佈為洛陽市文物保護單位。

　　墓主李曄（867—904），初名傑，唐懿宗李漼第七子，繼僖宗為唐朝第十九位皇帝。咸通八年（867）二月二十二日生於長安城東內大明宮，母惠安皇后王氏。咸通十三年（872）四月，封壽王。乾符四年（877），授開府儀同三司、幽州大都督及幽州、盧龍等軍節度使。僖宗數次出奔，皆伺其左右。文德元年（888）三月初六，病危中的僖宗依照觀軍容使楊復恭的意思，制立壽王為皇太弟，同時改名敏，勾當軍國事。三月初八，二十二歲的李傑於僖宗柩前即位，以司空韋昭度攝冢宰。事實上，唐朝政權已經名存實亡，被朱溫所控制。光化元年（898）十一月，又發生了宦官劉季述廢黜昭宗、皇太子李裕兼國的宮廷政變。昭宗被囚，日每從窗中遞飯。宦官又矯詔，假傳昭宗之命自稱太上皇，令太子李裕即位。後來，宰相崔胤等聯合禁軍將領損德昭發兵，誅殺劉季述，並棄屍於市。天復元年（901）正月，昭宗「撥亂反正」，接受了群臣的祝賀。降皇太子李裕為德王，並改名祐。不久，身在定州（今河北正定）行營的朱溫發兵長安，與鳳翔節度使李茂貞圍繞爭奪昭宗展開了激戰。鳳翔被圍困一年多，昭宗無奈，自磨糧食以求生存。乾寧二年（895）七月，李茂貞養子李繼鵬謀劫李曄幸鳳翔，而中尉劉景宣於王行實欲劫李曄幸邠州，致使禁軍內亂。後與諸王出逃終南山。乾寧四年（897）四月十四日，李曄制立德王李裕為皇太子。翌年，李曄下罪己詔，天復三年（903），昭宗在朱溫的押解下宗還京，又賜朱溫回天再造竭忠守正功臣，並親解玉帶相賜。朝中宦官盡被朱溫誅殺。天祐元年（904）正月，朱溫逼迫李曄遷都洛陽，拆毀長安宮室和民居，長安城哭聲一片。同年八月十一日夜，朱溫派其養子左龍武統軍朱有恭、右龍武統軍氏叔琮及樞密使蔣玄暉弒殺李曄於東都洛陽宮椒殿，享年

三十八歲。有十七子（一說十子）十一女，在位十六年零五個月，廟號昭宗，諡號聖穆景文孝皇帝。

天祐元年（904）八月，皇太子李柷於昭宗柩前即位。九月，以平章事獨孤損為山陵使，裴樞為山陵禮儀使，兵部侍郎李燕為鹵簿使，河南尹韋震為橋道使，宗正卿李克勤為按行使，共同營建山陵。翌年二月二十日，葬昭宗於河南偃師市緱氏鎮之景山，曰和陵。

和陵係堆土成陵，規模較小，1974年，村民為了擴大耕田，已將陵臺夷為平地，墓前神道石刻不知所蹤。

2012年新立唐昭宗遺址碑，墓室在其南約200米處。

▲ 唐昭宗和陵遺址碑 鄭茂良 攝

二十 唐哀帝溫陵

　　根據文獻記載，溫陵位於山東菏濟陰縣定陶鄉洙水河畔，但仍然是謎，有待考古發掘。

　　墓主李柷（892—908），唐昭宗李曄第九子，初名祚。繼昭宗為唐朝第二十位皇帝，也就是最後一位皇帝。昭宗景福元年（892）九月初三生於長安城大內，母何氏。乾寧四年（897）二月，封輝王。天復三年（903）二月，拜開府儀同三司，任諸道兵馬元帥。天祐元年（904）八月十一日夜，朱溫派人弒殺其父昭宗，翌日，樞密使蔣玄暉矯詔，冊立輝王為皇太子，兼軍國事，並改名柷。同日午時，又矯宣皇太后令，四天後，十三歲的李柷即位，沿用昭宗天祐年號。

　　天祐二年（905），朱溫為了掃除篡權的障礙，命人將昭宗的兒子全部殺死。六月，又將宰相裴樞、獨孤損、崔遠、陸扆等三十餘位朝臣誅殺，並投屍黃河。史稱「白馬驛之禍」，其手段殘忍，令人髮指。同年十一月，李柷敕授朱溫相國，封魏王，加九錫，朱溫拒而不授。天祐四年（907），朱溫挾持李柷遷都大樑（今河南開封），並逼李柷禪位與他。不久，廢李柷為濟陰王，遷居曹州（今山東菏澤曹縣）前刺史氏叔琮宅第，並派兵嚴密監視。同年四月十八日，朱溫登基稱帝，改名朱晃，建立「梁」，史稱「後梁」。開平二年（908）二月二十一日，朱溫派人毒殺李柷，得年十七歲。在位二年零九個月，諡號哀皇帝，以王禮葬之，陵號溫陵，後改諡昭宣光烈孝皇帝。

　　溫陵係堆土成陵，初葬時規模較小，同光三年（925），後唐莊宗李存勖欲遷溫陵於長安，但未能如願。故而增大了陵冢封土，置園邑。天成四年（929），又在曹州為其立廟。

副　編
其他重要唐陵石刻遺存

一　唐獻祖李熙建初及唐懿祖李天賜啟運二陵

　　建初、啟運二陵位於河北隆堯縣魏莊鎮王尹村北，是唐高祖李淵第四代祖宣皇帝李熙和第三代祖光皇帝李天賜陵，二陵共塋，合稱「大唐祖陵」。1982年7月23日，公佈為河北省重點文物保護單位，2006年9月公佈為國家重點文物保護單位。

　　隆堯唐陵建於高宗麟德元年（664）之前。開元十三年（725），玄宗派上柱國田再思、象城令宋文素等在陵東500米處建光業寺，現已不存，另有〈大唐帝陵光業寺大佛堂之碑〉（簡稱〈光業寺碑〉）一通，開元十三年（725）六月，大佛堂建成後，立於中殿東側，碑面向西，為青石質，首身一體，通高4.37米，蚨座已毀，碑身通高3.02米，寬1.40米，正文40行，行80字，係宣義郎前行象城縣尉楊晉撰。1965年之後，此碑被破為十二塊，1980年，文管所成立後，幾經周折，找到了其中的十一塊，1986年，經過拼對修復，現藏隆堯縣碑刻館。

　　墓主李熙，字孟良，始以宣簡公任瀛洲刺史。北魏時為金門鎮將，率豪傑鎮武川。高祖武德元年（618）六月二十二日，追尊為宣簡公，太宗貞觀二十年（646），派遣左驍衛府長史長孫尊師及刑州刺史李寬、趙州刺史杜敖等「檢謁塋域，畫圖進上。」高宗麟德元年（664）二祖陵墓各配守衛戶30人。儀鳳二年（677）五月初一，高宗追尊為宣皇帝，廟號獻祖，皇祖夫人張氏被追尊為宣莊皇后。同年五月，高宗敕宣皇帝陵為建昌陵。開元二十八年（740）七月十八日，玄宗詔改建昌陵為建初陵。據《元和郡縣誌》記載，「宣皇帝建初陵，高四丈，周回八十丈。」這裡的「八十丈」疑為「八十步」。

　　墓主李天賜，字德真，北魏時為幢主，西魏文帝大統（535—550）中，

贈司空，高祖武德元年（618）六月二十二日，追尊為懿王，儀鳳二年（677）五月初一，高宗追尊為光皇帝，廟號懿祖，皇祖夫人賈氏被追尊為光懿皇后。同年五月，高宗敕光皇帝陵為延光陵。開元二十八年（740）七月十八日，玄宗詔改延光陵為啟運陵。據《元和郡縣誌》記載，「光皇帝建初陵，高四丈，周回六十步。二陵共塋，周回一百五十六步，在縣西南二十里。」現陵區南北長250米，東西寬40米。

開元十五年（727），玄宗敕：「宣皇帝、光皇帝陵，以縣令檢校，州長官歲一巡。」又敕：「歲春、秋巡陵，公卿具仗出城，至陵十里復。」

建初、啟運二陵原有石刻：石柱一對，翼馬一對，仗馬三對及馭手三對，石人三對，石獅一對。現存石刻：石柱一對，俱殘。柱座全部埋入地下，柱身為八稜體，東側殘高1.0米，直徑0.60米，頂蓋倒伏於地，其上部為仰蓮座承托摩尼寶珠；西側殘高1.50米。

翼馬一對，位於石柱北13米處。頭部俱殘。東側身長2.0米，胸寬0.75米，地面裸露1.60米，前腿上方刻捲雲紋浮雕羽翼；西側體長2.16米，胸寬0.80米。

仗馬二對，位於翼馬北12.50米處。其中1匹頭殘，馬頭現存隆堯縣文管所；3匹嘴殘。通長1.90—2.40米，身高1.76米，現裸露地面約1.40米，胸寬0.80米。4馬裝飾基本一致，有鞍韉、籠轡、鞦鞴等，縛尾，碼頭低垂，體態肥碩。東側馭手俱無，西側馭手2尊，拱手，著翻領衣，繫腰帶，頭部俱殘。

石獅一對，已移入隆堯縣文管所保存。

▲1. 神道全景 鄭茂良 攝

▲2. 神道東側石柱 鄭茂良 攝

▲3. 神道西側石柱 鄭茂良 攝

▲4. 神道東側翼馬 鄭茂良 攝

▲5. 神道西側翼馬 鄭茂良 攝

▲6. 神道東側南一仗馬 鄭茂良 攝

▲7. 神道東側南二仗馬及馭手殘軀 鄭茂良 攝

▲8. 神道西側南一仗馬及馭手殘軀 鄭茂良 攝

▲9. 神道西側南二仗馬及馭手殘軀 鄭茂良 攝

二 唐太祖李虎永康陵

　　永康陵是唐高祖李淵祖父李虎之墓，位於陝西三原縣陵前鎮侯家堡。1992年4月20日，陝西省人民政府公佈為第三批省級重點文物保護單位。

　　墓主李虎（506—577），隴西成紀（今甘肅秦安）人，西涼武昭王李暠之後，西魏太尉李天賜之子。官西魏秦州清水（今甘肅）郡太守，後歷官太尉、大都督、尚書左僕射等，封隴西郡開國公，賜柱國大將軍。北周建德六年（577）十月初八卒，初葬長安。追封唐國公，諡曰襄。隋大業二年（606）正月十八日遷葬清水魯家灣村。唐武德元年（618）六月二十二日又遷回長安，即今三原縣陵前鎮石馬道村北。追封為景皇帝，廟號太祖，號墓曰永康陵。據《長安誌》載：「永康陵封域二十五里」。《唐六典》卷十四〈太常寺〉載：永康陵設陵令一人，從七品下；陵丞一人，從八品下。「陵令掌山陵塋兆之事，率其戶而守陵焉；丞為之貳。」

　　永康陵係堆土成陵，近似圓錐形，底徑50米，殘高8米。四周皆為耕地，海拔520米。初葬時，遵循王公大臣的規制，屬魏墓唐陵形式。墓前設神道，全長240餘米，寬30米。現存石刻：

　　石柱一對，撲地俱殘，通高4.5米，直徑0.6米，八稜柱身，仰覆蓮寶珠頂，下有石座；西側柱身篆刻「唐永康之陵」五字。

　　天祿一對，位於石柱北約30米處，東側撲地，四肢俱殘，西側一後肢殘，立於長方形浮雕雲紋基座上，通高2.10米，體長2.60米，昂首而立。

　　仗馬三匹，東側，位於天祿北約28米處，俱殘，仗馬間隔28米，通高2.5米，體長1.40米，身披鞍韉。

　　石人二尊，位於仗馬北約60米處，東側於1960年遷入西安碑林博物館，西側殘存腰部以下。

　　石獅一對，位於石人北60米處，東側僅存獅身殘石一塊，西側於1959

年遷入西安碑林博物館俱殘。整體雕琢渾厚質樸，粗獷豪放，造型剛毅沈穩，器宇軒昂，手法精細，做工考究。

據考證，永康陵列置仗馬乃唐陵列置石馬的創始。

關於永康陵陪葬墓，有李虎之孫李壽墓及李孝墓等。

▲ 1. 永康陵封土堆

▲ 2. 永康陵神道東側石柱柱礎

▲ 3. 永康陵神道東側石柱
(殘)

▲ 4. 永康陵神道西側石柱
(殘)

▲ 5. 永康陵神道東側天祿(殘)

▲ 6. 永康陵神道西側天祿

▲ 7. 永康陵神道西側天祿(前側)

▲ 8. 永康陵神道西側天祿(局部)

▲ 9. 永康陵神道東側仗馬一

▲ 10. 永康陵神道東側仗馬一(前側)

▲ 11. 永康陵神道東側仗馬二

▲ 12. 永康陵神道東側仗馬三

▲ 13. 永康陵神道東側仗馬(局部)

▲ 14. 永康陵神道東側仗馬(局部)

三 唐世祖李昞興寧陵

　　興寧陵是唐朝開國君主李淵之父李昞（亦作昺）之墓。位於陝西咸陽渭城區正陽鎮後排村之北五陵原，海拔420—450米，北依漢高祖長陵，南臨渭水，四周為廣闊農田，1956年8月6日，陝西省公佈為第一批省級重點文物保護單位。

　　李昞（514—572），字明澤，祖籍隴西，西魏大統十七年（551）襲隴西郡公，北周武帝保定四年（564），加封唐國公。曾任北周安州總管，柱國大將軍，北周建德元年（572）病故，諡曰仁。武德元年（618）追尊為元皇帝，廟號世祖，號墓曰興寧陵。

　　興寧陵實際上是一座北周國公墓，殘冢底部直徑約13米，高約5米。墓前設神道，神道兩側列置石刻，現有石刻：石柱一對，已沒入地下。

　　天祿一對，形狀似虎，昂頭挺胸，造型雄偉，通高1.60米。體長2.50米，昂首，捲雲紋雙翼，腹下有雲柱與底座相連。

　　仗馬四匹，裸露地面，通高1.20—1.27米，通長2.05—2.20米，微微昂首，頭戴攸勒，身披鞍韉；東側南起第二匹、西側南起第一匹仗馬旁有馭手各一尊，西側為胡人形象。

　　石人五尊，其中西側中間一尊缺失，東為文官，西為武將，頭部俱殘。

　　石獅一對，頭部以下沒入地下。粗渾簡樸，威武霸氣。

▲ 1. 興寧陵神道石刻

▲ 2. 興寧陵神道東側石柱

▲ 3. 興寧陵神道東側石柱柱身線刻花纹

▲ 4. 興寧陵神道西側石柱

▲ 5. 興寧陵神道東側天祿

▲ 6. 興寧陵神道東側天祿(局部)

▲ 7. 興寧陵神道東側天祿腹下云纹柱

▲ 8. 興寧陵神道西側天祿

▲ 9. 興寧陵神道西側天祿(局部)

▲ 10. 興寧陵神道西側天祿腹下云纹柱

▲11. 興寧陵神道東側仗馬石獅

▲12. 興寧陵神道東側南一仗馬
(左前側)

▲14. 興寧陵神道東
側南一仗馬(局部)

▲13. 興寧陵神道東側仗馬石獅

▲15. 興寧陵神道東側南二仗馬(左前側)

▲16. 興寧陵神道東側南二仗馬(右前側)

▲ 17. 興寧陵神道東側南二仗馬(后側)

▲ 18. 興寧陵神道東側南二仗馬(局部)

▲ 19. 興寧陵神道仗馬

▲ 20. 興寧陵神道西側仗馬石獅

▲ 21. 興寧陵神道西側南一仗馬(左前側)

▲ 22. 興寧陵神道西側南一仗馬(右前側)

◀23. 興寧陵神道西側南一仗馬(局部)

▲24. 興寧陵神道西側南二仗馬(左前側)

▲25. 興寧陵神道西側南二仗馬(右前側)

▲26. 興寧陵神道西側南二仗馬(局部)

▲27. 興寧陵神道西側仗馬(局部)

▲28. 興寧陵神道東側石獅

▲29. 興寧陵神道東側石獅(左前側)

▲30. 興寧陵神道東側石獅(局部)

▲31. 興寧陵神道西側石獅

▲32. 興寧陵神道西側石獅(右前側)

▲33. 興寧陵神道石人

▲ 34. 興寧陵神道石人

▲ 35. 興寧陵神道石人

▲ 36. 興寧陵神道石人

▲ 37. 興寧陵神道石人

▲ 38. 興寧陵神道石人

▲ 39. 興寧陵神道石人

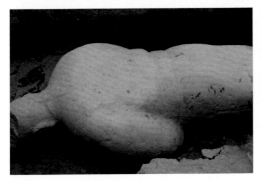

▲ 40. 興寧陵神道石人

▲ 41. 興寧陵神道石人

四　孝敬皇帝李弘恭陵

　　恭陵位於河南偃師市緱氏鎮東北約2.5公里的瀦沱嶺，南依嵩山，北臨洛河，東南群山環抱，西北崗巒疊起。1963年河南省公佈為第一批重點文物保護單位，2001年6月25日，國務院公佈為第五批全國重點文物保護單位。

　　墓主李弘（652—675），字宣慈，唐高宗李治第五子，武則天長子。永徽三年（652）生於長安城感業寺，翌年五月，隨其母武則天入宮，封代王。永徽六年（655）十一月，武則天被立為皇后，顯慶元年（656）正月初六，年僅四歲被冊立為皇太子，大赦改元。直至顯慶四年（659）十月初三，始入東宮。龍朔元年（661），命中書令、太子賓客許敬宗，侍中兼太子右庶子許圉師，中書侍郎上官儀等博採古今文集，摘其英詞麗句，勒成五百卷，名曰《瑤山玉彩》，表上。參編者皆加級。龍朔二年（662）十月，高宗幸驪山，命太子監國。咸亨三年（672）十月，詔太子監國。翌年二月，李弘納左金吾將軍裴居道女為妃。上元二年（675）高宗欲禪位於太子。四月，太子隨父母幸東都洛陽，被其母武則天毒殺於東苑合璧宮之綺雲殿，時年24歲。五月初五，高宗下詔加尊名，謚為孝敬皇帝（慈惠愛親曰「孝」，死不忘君曰「敬」），開創了太子薨後追謚為皇帝的先例。八月十九日，葬李弘於洛州緱氏懊來山。曰恭陵，其喪葬制度，一準天子之禮。高宗親為制睿德紀，並自書於石，樹於陵側。

　　恭陵是初唐時期「號墓為陵」規制下的一處完整的實例，坐北向南，平面為正方形，長、寬均為440米。內有兩塚，大塚居陵園中部偏西，葬埋李弘，俗稱太子塚，陵臺呈覆斗型，東西長164米，南北寬146米，殘高22米。小塚呈覆斗型，位於大塚東北，是葬埋太子妃裴氏即哀皇后，俗稱娘娘塚。底邊長寬各40—50米，殘高13米。此仿西漢帝后陵合葬之制，即同塋不同墓。恭陵四周原有神牆護圍，四角有角樓建築，四面神牆各闢一門，分別以四神命名，現神

道乳闕尚存。現存石刻十八件，自南而北依次為：

石柱一對，距離南門300米，通高6.50米，由基座、柱身及蓮花頂三部分組成。基座基本為方形，並分上下兩層，下層東西長2.14米，南北寬2.30米，裸露地面1.70米。上層東西長1.58米，南北寬1.70米，高0.80米。上雕覆盆蓮花礎，礎上為石柱，八稜形，高3.75米，徑0.85米，各面素而無紋，向上收剎，柱身之上為八邊形頂蓋，上置仰蓮托摩尼珠。

翼馬一對，位於石柱北92米處，唐代陵墓前放置翼馬以恭陵為首。高2.40米，石座分上下層，下層長2.65米，寬1.95米，高0.76米；下層長2.21米，寬1.01米，高0.41米。翼馬昂首站立，肌豐骨健，頭鬃豎立，頸鬃斜披，前肢兩側刻有捲雲紋羽翼。

石人三對，第一對位於翼馬北43米處，石人與石人南北間隔32米。通高2.73—3.30米，頭戴平巾幘冠，身著寬袖袍，內著長裙，外著裲襠，腰束寬帶，足蹬雲頭靴，雙手握劍提於胸前。基座為方形，通長1.50—1.53米，通寬1.50—1.56米，高0.56—0.90米，蓮臺高0.31—0.44米。

石獅一對，位於石人之北，在南門外雙闕南10米處。兩獅相距54米。東側獅高2.64米，頭大耳小，昂首前視，犬齒外露，頸下三綹鬃毛，前肢略直，後肢略屈，略呈奔躍之狀，長尾向右甩出達於腹部，腹下鏤空，四肢於石板相連，西側獅高2.40米，長尾向左甩出。基座分為兩層，上層長2.22米，寬1.34米，高0.55米；下層長2.76米，寬1.75米，高0.45米；石板長2.01米，寬0.98米，厚0.27米。在東、西、北三門，石獅通高2.30米，昂首前視，前肢斜撐，蹲姿，頭頸鬃毛捲曲，頸下三綹鬃毛，長尾甩於左腋下，石座分為三層，長、寬、高各不相等。在玄武門外東側石獅左臀部刻有宋代題記：「洛民閭永真、張士南、王惠時治平元年十月一日至此。」治平元年，即1064年，北宋英宗年號。

另有〈孝敬皇帝睿德之紀〉石碑一通，位於東側南數第一二石人之間，此為高宗李治於病重親撰，並書丹。石碑通高7.23米，碑身高6.03米，寬1.94米，厚0.65米；碑座高1.20米，寬2.70米，厚1.90米。碑額飛白書「孝敬皇帝睿德之紀」八字；碑文楷書，自右至左豎排33行，每行82—89字不等，全文約2000餘字。由於年代久遠，碑文多已漫漶不清。《全唐文》雖有收錄，但非全文。

▲ 1. 恭陵神道全景 鄭茂良 攝

▲ 2. 恭陵神道東側石柱 鄭茂良 攝

▲ 3. 恭陵神道西側石柱 鄭茂良 攝

▲ 4. 恭陵神道東側神獸 鄭茂良 攝

▲ 5. 恭陵神道西側石獸 鄭茂良 攝

▲ 6. 恭陵神道東側南一石人 鄭茂良 攝

▲ 7. 恭陵神道東側南二石人 鄭茂良 攝

▲ 8. 恭陵神道東側南三石人 鄭茂良 攝

▲ 9. 恭陵神道東側南一二石人間的神道碑 鄭茂良 攝

▲ 10. 恭陵神道西側南壹石人 鄭茂良 攝

▲ 11. 恭陵神道西側南二石人 鄭茂良 攝

▲ 12. 恭陵神道西側南三石人 鄭茂良 攝

▲ 13. 恭陵青龍門南側石獅 鄭茂良 攝

▲ 14. 恭陵青龍門北側石獅 鄭茂良 攝

▲15. 恭陵白虎門南側石獅 鄭茂良 攝

▲16. 恭陵白虎門北側石獅 鄭茂良 攝

▲17. 恭陵朱雀門東側石獅 鄭茂良 攝

▲18. 恭陵朱雀門西側石獅 鄭茂良 攝

▲19. 恭陵玄武門東側石獅 鄭茂良 攝

▲20. 恭陵玄武門西側石獅 鄭茂良 攝

五 孝明高皇帝武士彠昊陵

武士彠原為木材商人，《舊唐書》卷五十八《武士彠列傳》雲其「家富於財，頗好交結。」隋大業七年（611），武士彠向李淵晉獻自撰兵書《古今典要》三十卷，並乘機勸李淵起兵反隋。李淵遂與其「虛心結契，握手推誠。」大業九年（613），封武士彠晉陽宮留守司鎧參軍。大業十三年（617）李淵起兵反隋，封武士彠為中郎將兼司鎧參軍。授右光祿、壽陽縣開國公、光祿大夫，封太原郡公。並賜宅一座。後又封為禮部侍郎、黃門侍郎，改封義原郡開國公，食邑一千戶。

武德元年（618），拜金紫光祿大夫、散騎常侍兼檢校並鉞將軍。武德三年（620），拜工部尚書，晉封應國公。武士彠始娶相裏氏為妻，生有四子。後有兩子與妻相繼病故。高祖李淵和楊氏的堂嫂桂陽公主親為武士彠挑選的續妻，武楊聯姻可謂舊日門閥與當朝新貴的結合。楊氏生育三個女兒，武則天排行第二。

貞觀九年（635）五月，李淵駕崩，武士彠在荊州官所悲哀成疾而死，享年五十九歲。武士彠死後，次女武則天入宮。後來，因武則天為皇后的緣故，朝廷追贈其父為並州都督、司徒、周國公。咸亨年間（670—673），加贈太尉兼太子太師、太原郡王，配享唐高祖廟廷，列功臣上。武則天臨朝稱制，又尊為忠孝太皇，建崇先府，置官屬，追王五世。

武則天稱帝後，在東都洛陽立武氏七廟，追尊為太祖無上孝明高皇帝，葬文水昊陵，諸姑皆隨帝號曰皇后。長安元年（701）十二月，武則天於文水昊陵為其父立大周無上孝明高皇帝碑。俗稱攀龍臺碑。先天元年（712），玄宗下詔削去武士彠的帝號，復降為太原郡王，其廟廷也隨之廢除。

石獅二尊，已遷山西文水縣則天廟。

▲ 1. 昊陵石獅一　鄭茂良 攝　　　　　▲ 2. 昊陵石獅二　鄭茂良 攝

六 孝明高皇后楊氏順陵

　　順陵是大周女皇武則天之母楊氏之墓，位於陝西咸陽市渭城區底張鎮陳家村西南約500米處。1956年，陝西省人民委員會公佈為陝西省第一批重點文物保護單位，1961年3月4日，國務院公佈為第一批全國重點文物保護單位。

　　楊氏（579—670），弘農仙掌（今陝西渭南潼關）人。史失其名，出身於關隴望族，係隋朝宰相楊達之女，門第顯赫。貞觀九年（635）五月，武士彠哀疾亡故，從此楊氏寡居。貞觀十二年（639），武則天被選入宮。永徽六年（655），被高宗立為皇后，封楊氏為代國夫人，後改封為衛國夫人、鄭國夫人。

　　咸亨元年（670）八月初二日，楊氏卒於九成宮之山第，敕文武九品以上及外命婦詣宅吊哭。贈魯國太夫人，諡號忠烈。並依王禮葬於咸陽原，稱墓。永昌元年（689），武則天追尊其父為周忠孝太皇，其母為忠孝太后以文水墓為章德墓，以咸陽墓為明義墓。天授元年（690）九月初九，武則天改唐為周，降睿宗李旦為皇嗣，追封其父忠孝太皇為太祖孝明高皇帝，其母為太祖孝明高皇后，再改章德陵為昊陵，明義陵為順陵。並將園寢從原來的124.60畝擴大到1642畝。令精選天下良石，超先朝帝陵標準，雕造大型石刻置於陵南。長壽二年（693），又加「無上」二字，再改順陵為望鳳臺。與此同時，在望鳳

臺置令、丞，並置守戶五百人。長安二年（702），又在順陵立大周無上孝明高皇后碑。開元元年（713），玄宗降陵為墓，改稱太原王妃墓，但人們習慣上仍稱其為順陵。

順陵地處涇渭之交的五陵原上，海拔410—490米，原面開闊，地勢平坦。分內、外兩城。內城為墓園，似方形，東、西牆分別長291米、294米，南、北牆分別長286米、282米。四面各闢一門。外城係號墓為陵時所擴建，呈長方形，南北長1264米，東西寬866米，周長4260米。現存石刻：

青龍、白虎、玄武門石獅三對，均為蹲踞狀。通高3米左右，胸寬1.10米，座高0.5米。六尊石獅神態各異：東門南側石獅擴口長目，鬃鬣紛披，尾巴雄健舒放，盤捲而後甩向脊背；玄武門西側石獅獠牙似劍，目光如炬，筋肉隆起，爪如堅鋼；白虎門北側石獅螺鬃盤旋，腮髯奮張，上唇捲翹，舌尖勾起，爪鋒逼人。

石柱一對，由柱頭、柱身及石基組成。東側柱頭為寶珠頂和束腰蓮臺座，通高1.99米，底部最大直徑1.22米。石基是由16塊邊長約0.70—0.80米的方形石塊拼成，呈方形，邊長為3.10米，厚0.40米；西側石基由9塊邊長為0.90米的方形石塊拼成，呈方形，邊長2.75米，厚0.40米。

天祿一對，位於石柱北30米處。東雄西雌。東側高3.90米，長4.20米，胸寬1.50米，獸與座係整塊石料雕成，重約70餘噸。昂首挺立，神態威猛，四肢雄健，長尾拖地，體量龐大，姿態生動，踏座長3.38米，寬1.93米，高0.52米。西側高3.90米，長3.82米，胸寬1.80米，獸與座係整塊石料雕成，重約70餘噸。材料係石灰巖質，採自渭北富平境內。

走獅一對，東側頭南尾北，體高3.05米，體長3.45米，胸寬1.40米，總重量約70噸，嵌入長3.60米、寬1.65米的石基座中。頭披捲毛，雙目深陷，頸下有三縷髯，軀體平滑；西側頭南尾北，體高2.68米，體長3.20米，胸寬1.30米，頭披捲毛，突眼隆鼻，豐頤利齒，雄猛無比，總重量約70噸，嵌入長3.50米、寬1.62米的石基座中。

石人十二尊，其中東側六尊，遺失二尊，像與座係整塊石料雕刻而成。通高2.20米，身寬0.75米，厚0.45米，座長0.75米，寬0.50米，裸露部分高0.16米，基座長1.05米，寬0.89米，高0.44米。石人頭戴小冠，前低後高，面部方圓，耳大唇厚，彎眉杏眼，髭鬚上翹。廣袖交領，腰繫寬帶，身背平直，雙手

拄環首儀刀於胸前。西側6尊，規制與東側基本相同

石虎四尊，其中二尊位於內城神道東側，殘高1.48—1.52米，殘長1.03米，胸寬0.71—0.76米，蹲屈狀，雙目怒睜，闊口翹耳，體壯圓渾。二尊位於內城神道西側，通高1.61米，長1.35米，寬0.73米，與座係整塊石料雕刻而成。

石羊四隻。其中二隻位於內城神道東側。第一隻殘高0.70米，胸寬0.58米，厚0.76米。頭略上昂，雙耳貼頭，角從上向內盤捲，眼睛鼓凸；第二隻高1.48米，長1.44米，寬0.68米，踏座長1.44米，寬0.73米，厚0.28米。下有基座，東西長1.78米，南北寬0.97米，厚0.33米，保存完好。另外二隻位於內城神道西側，通高1.52米，長1.41米，寬0.68米，踏座長1.42米，寬0.72米，高0.30米，基座長1.88米，寬0.92畝，高0.32米。

東、西、北三門石獅六尊，東門獅長2.28米胸寬1.58米，高2.98米，獅於座為一體，另有石基座。呈蹲姿，頭大，突目，隆鼻，張口，捲舌，露齒，毛髮下垂或斜垂。其餘各獅體量基本相同，各面風化剝蝕較重。

玄武門仗馬四匹，其中東側二匹，由仗馬、踏座、基座三部分組成，通長2.59米，高1.82米，胸寬0.77米，體碩，突目，閉口，佩飾攀胸，背置鞍韉、障泥、袱蹬。西側馭手2尊，俱殘，殘高1.58米，寬0.63米，厚0.39米。窄袖圓領長袍

〈大周無上孝明高皇后碑銘並序〉一通，俗稱順陵碑。武三思撰文，相王李旦（即睿宗）書丹，全文4000餘字，內有武則天造字16個，碑銘刻於長安二年（702）正月，為唐代名碑之一。明嘉慶三十四年（1555），關中大地震時斷為多節，現存殘石九塊，藏於咸陽市博物館。

關於順陵的陪葬墓，有楊氏之孫、武則天之侄、武則天同父異母兄長武元爽之子武承嗣墓和武元慶之子武三思墓。武承嗣墓位置不明，墓誌銘現藏中國農業博物館。武三思墓位置也不明。曾在順陵陵園附近出土鎮墓石一方，現存咸陽博物館。

順陵是第一個列置石刻的皇戚墓，無論是在數量上，還是在體量上都超過了興寧陵。作為王妃墓，列置石刻的時間比乾陵還要早。真是母以女榮。

▲ 1. 順陵神道

▲ 3. 順陵楊氏墓封土堆

▲ 2. 順陵楊氏墓碑

▲ 4. 陝西省人民政府文物保護碑

▲ 5. 順陵神道東側
石柱

▲ 6. 順陵神道
東側石柱(原件)

▲ 7. 順陵神道東側天祿

▲ 8. 順陵神道東側天祿(前側)

▲ 9. 順陵神道東側天祿(後側)

▲ 10. 順陵神道東側天祿(局部)

▲11. 順陵神道西側天祿

▲12. 順陵神道西側天祿

▲13. 順陵神道西側天祿(右後側)

▲14. 順陵神道西側天祿(局部)

▲15. 順陵神道西側天祿(局部)

▲16. 順陵神道東側走獅

▲17. 順陵神道東側走獅(前側)

▲18. 順陵神道東側走獅

▲19. 順陵神道東側走獅(局部)

▲20. 順陵神道東側走獅(局部)

▲21. 順陵神道東側走獅(局部)

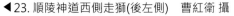

▲22. 順陵神道西側走獅　曹紅衛 攝

◀23. 順陵神道西側走獅(後左側)　曹紅衛 攝

▲ 24. 順陵神道東側石人

▲ 25. 順陵神道東
側南一石人

▲ 26. 順陵神道東側
南二石人 曹紅衛 攝

▲ 27. 順陵神道東側南
三石人 曹紅衛 攝

▲ 28. 順陵神道東側南
四石人 曹紅衛 攝

▲ 29. 順陵神道東側南
五石人 曹紅衛 攝

▲ 30. 順陵神道東
側南七石人

▲ 32. 順陵神道西側石人

▲ 31. 順陵神道東側石
人(局部)

▲ 33. 順陵神道西側南一石人 曹紅衛 攝

▲ 34. 順陵神道西側南二石人

▲ 35. 順陵神道西側南三石人

▲ 36. 順陵神道西側南五石人

▲ 39. 順陵神道西側石人(局部)

▲ 37. 順陵神道西側南六石人 曹紅衛 攝

▲ 38. 順陵神道西側南七石人(左前側)

▲ 40. 順陵神道西側石人(局部)

▲ 41. 順陵神道西側石人(局部)

▲ 43. 順陵神道西側石人(局部)

▲ 42. 順陵神道西側石人(局部)

▲ 44. 順陵神道西側石人(局部)

▲ 45. 順陵神道東側南一石羊

▲ 46. 順陵神道東側南一石羊(局部)

▲ 47. 順陵神道東側南一石羊(局部)

▲ 48. 順陵神道西側南一石羊

▲ 49. 順陵神道西側南一石羊(局部)

▲ 51. 順陵神道西側南二石羊(局部)

▲ 50. 順陵神道西側南二石羊

▲ 52. 順陵神道東側石虎

▲ 54. 順陵神道東側南一石虎(局部)

▲ 56. 順陵神道東側南二石虎(局部)

▲ 55. 順陵神道東側南二石虎

▲ 53. 順陵神道東側南一石虎

▲ 59. 順陵神道西側南一石虎(局部)

▲ 57. 順陵神道西側南一石虎

▲ 58. 順陵神道西側南一石虎

▲ 61. 順陵神道西側南一石虎(局部)

▲ 60. 順陵神道西側南一石虎(局部)

▲ 64. 順陵神道西側南二石虎(局部)

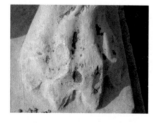

▲ 62. 順陵神道西側南一石虎(局部)

▲ 63. 順陵神道西側南二石虎

▲ 65. 順陵神道西側南二石虎(局部)

▲ 66. 順陵神道西側南二石虎(局部)

▲ 67. 順陵神道西側南二石虎(局部)

▲ 69. 順陵青龍門南側石獅
(局部)

▲ 71. 順陵青龍門南側石獅
(局部)

▲ 70. 順陵青龍門南側石獅
(局部)

▲ 72. 順陵青龍門南側石獅
(局部)

▲ 68. 順陵青龍門南側石獅

▲ 75. 順陵青龍門北側石獅
(局部)

▲ 76. 順陵青龍門北側石獅
(局部)

▲ 73. 順陵青龍門北側石獅

▲ 74. 順陵青龍門北側石獅
(背部)

▲ 78. 順陵青龍門北側石獅(局部)

▲ 79. 順陵青龍門北側石獅(局部)

▲ 77. 順陵青龍門北側石獅
(局部)

▲ 80. 順陵白虎門石獅

▲ 81. 順陵白虎門南側石獅

▲ 82. 順陵白虎門南側石獅
(正側)

▲ 85. 順陵白虎門北側石獅

▲ 83. 順陵白虎門南側石獅
(局部)

▲ 84. 順陵白虎門南側石獅
(局部)

▲ 86. 順陵白虎門北側石獅(正背)

▲ 87. 順陵白虎門北側
石獅(局部)

▲ 88. 順陵白虎門北
側石獅(局部)

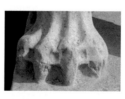

▲ 89. 順陵白虎門北側
石獅(局部)

▲ 90. 順陵白虎門北側
石獅(局部)

▲ 91. 順陵玄武門東側石獅

▲ 92. 順陵玄武門東側石獅

▲ 93. 順陵玄武門東側石獅(局部)

▲ 94. 順陵玄武門西側石獅(左側)

▲ 95. 順陵玄武門西側石獅(右側)

▲ 96. 順陵玄武門西側石獅(局部)

▲ 97. 順陵玄武門西側石獅(局部)

▲ 98. 順陵玄武門東側仗馬

▲ 99. 順陵玄武門東側南一仗馬

▲ 100. 順陵玄武門東側南一仗馬(正背)

▲ 101. 順陵玄武門東側南一仗馬(局部)

▲ 102. 順陵玄武門西側南一仗馬(局部)

▲ 103. 順陵玄武門西側南一仗馬(局部)

▲ 104. 順陵玄武門西側南二仗馬

▲ 105. 順陵玄武門東側南二仗馬

▲ 106. 順陵玄武門東側南二仗馬

▲ 107. 順陵玄武門西側仗馬

▲ 108. 順陵玄武門西側南一仗馬

▲ 109. 順陵玄武門西側南二仗馬
(左前側)

▲ 110. 順陵玄武門西側南二仗馬(右後側)

▲ 112. 順陵玄武門仗馬馭手
(現存順陵文管所)

▲ 113. 順陵玄武門仗馬馭手
(現存順陵文管所)

▲ 111. 順陵玄武門西側南
二仗馬(局部)

七 讓皇帝李憲惠陵

　　惠陵，係號墓為陵，位於陝西蒲城縣橋陵鎮三合村，西北為其父睿宗橋陵。1992年4月20日，被陝西省人民政府公佈為第三批陝西省文物保護單位。

　　墓主李憲（679—742），唐睿宗李旦長子，本名成器。生母肅明皇后劉氏。文明元年（684），武則天臨朝稱制，被立為皇太子。天授元年（690），武則天降睿宗李旦為皇嗣，改李憲為皇孫。後又改封壽春郡王。中宗復位後，韋皇后欲效則天故事，臨朝稱制，李憲之弟李隆基與其姑母太平公主聯手密謀發動「玄武門兵變」，平定韋後之亂，扶睿宗復帝位。本應恢復李成器的皇太子地位，但因成器深明自己無論是功勞、聲望，還是黨羽勢力，都很難與弟隆基匹敵，故而上奏：「儲副者，天下公器；時平則先嫡長，國難則歸有功。若失其宜，海內失望，非社稷之福。臣今敢以死請。」連日來泣涕退讓太子位。其父睿宗順應人望，乃準李憲之請。景雲元年（710），睿宗任命左衛大將軍、宋王李成器為雍州牧、揚州大都督、太子太師，另加實封至二千戶，賜物五千段、細馬二十四、奴婢十房、甲第一區、良田三十頃。同年十一月，再拜李成器為尚書左僕射，遷司徒。先天元年（712）八月，李隆基晉封大哥為司空，進而為太尉，再加開府儀同三司。開元四年（716），徙封寧王，改名憲。

　　李憲恭謹謙讓，安守臣節，不幹朝政，不交私黨，善畫馬，興慶池南華尊樓下壁上〈六馬滾塵圖〉為其所作。開元二十九年（741）十一月二十四日，病卒，玄宗聞之號泣失聲。感其兄長推讓皇位，冊封為讓皇帝（按謐法，推功尚善曰讓，德性寬厚曰讓），以王儀葬之，號墓為陵，曰惠陵。及斂，出天下服一稱，並親撰挽詞二百三十餘言，詔右監門大將軍高力士以手書置於寧王靈前，詞稱「李隆基表白」。出葬時遭遇大雨，玄宗垂淚扶柩。並命慶王李潭等文武百官於泥濘中送靈十里。並把自己心愛的羯鼓與大哥的紫玉笛一並隨葬，用以表示兄弟生死永不分離。後又追贈寧王妃元氏為恭皇后，祔葬惠陵。

　　李憲這一讓，還真讓出個開元盛世。清人何亮基層作〈遊惠陵〉，詩云：「宮中喋血千秋很，何如人間作讓皇。」因此，李憲也得到了極大的榮耀。史書贊曰：「謙而受益，讓以成賢。唐屬之美，憲得其先。」

　　惠陵坐北向南，封域十里。封土呈覆斗狀，高約14米，底長100米，寬82米。原有門闕、闕臺、圍牆、角樓、寢殿等建築。墓前原有石柱一對、翼馬一對、仗馬五對、石人十對，四門石獅八尊。現西側存石馬殘身，1982年沒入地下。地面僅存石柱殘段。墓前有清乾隆四十一年（1776），陝西巡撫畢沅書〈唐讓帝惠陵〉石碑一通，蒲城知縣馮方鄴立石。

　　2000年，陝西省考古研究所進行了搶救性發掘，出土文物860件。2003年，陝西省考古研究所揭取壁畫200平米。

▲ 1. 惠陵封土堆及清代陝西巡撫畢沅碑

▲ 2. 惠陵神道石柱(殘段)

▲ 3. 惠陵石柱線刻花紋

後記

　　中國帝王陵寢制度始於秦漢。是統治者為了推崇皇權至上和維護森嚴等級所施行的一種政治手段。按照儒家「事死如事生」及「陵墓若都邑」的禮制原則，充分體現出了以忠孝為本的倫理觀念與宗教觀念，以「關中唐十八陵」為例，堆土成陵者四座，因山為陵者十四座，除初唐的獻、昭二陵外，各陵皆仿長安城格局設計，內營諸多樓閣，以供後人祭拜。

　　唐陵陵園由內城、外城、下宮及陪葬墓四部分組成，封域寬大廣闊。據文獻記載，昭、貞二陵周皆一百二十里，乾陵周八十里，泰陵周七十六里，定、橋、建、元、崇、豐、景、光、莊、章、端、簡、靖諸陵周皆四十里；獻陵周二十里。 據《唐六典》卷十四載：「獻陵、昭陵、乾陵、定陵、橋陵、恭陵署，令各一人，從五品上；丞一人，從七品下；錄事一人，陵戶。」關於陵戶，乾、橋、昭三陵各四百人，獻、定、恭三陵各三百人。另外，永康、興寧二陵署各設令一人，從七品下，丞一人，從八品下。

　　帝陵石雕皆出自甄官署，甄官署隸屬將作監。署設令一人，從八品下；設丞二人，正九品下。「甄官令掌供琢石、陶土之事；丞為之貳。凡石作之類，有石磬、石人、石獸、石柱、碑碣、碾磑，出有方土，用有物宜。」帝陵的規模，尤其是神道石刻的精美程度以及體量大小的變化，可以反映出一個朝代的興衰更疊。

　　在探訪唐陵過程中，承蒙獻陵陵管員王育新，昭陵博物館辦公室主任張杜君，乾陵博物館館長樊英峰，橋陵文管所所長唐興虎，泰陵文管所趙建斌、張建民，崇陵文管所所長張躍進，莊陵陵管員楊誌德，章陵陵管員楊孝忠，端陵陵管員閆玉林及三原縣博物館館長南凱諸先生的熱情支持和幫助；承蒙唐陵研究專家、陝西省考古研究院副院長、研究員張建林先生就本書結構及石刻命名所提出的建設性意見，令我感動不已，在此一並致謝！

　　脫稿後，承蒙我的導師、八十高齡的著名學者丁家桐先生，著名書法家、中國美術學院博士生導師王冬齡教授，唐陵研究專家、北京大學考古文博學院沈睿文教授，唐陵石刻藝術研究專家、西安建築科技大學藝術學院陳雪華副教授，乾陵博物館副館長、研究館員、《乾陵文化研究》副主編劉向陽先生，昭陵博物館副館長、研究館員李浪濤先生不辭鄙人之請，欣然為之題簽作序，使本書增輝益多。在此深表謝忱！

　　唐陵研究作為一項宏大的文化建設工程，對於研究陵寢文化史、建築史以及雕塑藝術史有著重要的意義。以筆者之荒學偏識，舛錯疏漏在所難免，誠望識者不吝賜教。

党明放

2010年12月31日識於問字庵

又記

　　按照出版合同的約定，本書當在六年前，即2013年出版上市，並在全球售賣。然而，就在即將交稿之際，獲悉陝西省考古研究院將持續實施「陝西唐陵大遺址保護項目」考古調查方案，調查對象仍然包括唐十八陵、兩座祖陵及武則天母親楊氏順陵，感謝陝西省考古研究院！感謝唐陵考古隊！

　　於是，鄙人致電蘭臺出版社社長盧瑞琴小姐，請求能夠給予延緩交稿期限。盧小姐在表示贊同之餘，又期待鄙人能夠隨時通知出版。

　　從此，我的拍攝也就隨著考古隊工作的進展而進展。及至後來，鄙人應邀赴京從事圖書出版和漢學研究工作，遂將此事拜託給了陝西籍走陵高手鄭茂良、曹紅衛及穆虎諸君，每逢春節長假，只能與諸君相約穿越相關唐陵四門，攀山越嶺，餐風飲雪，倒也其樂融融。

　　特別令人欣慰的是，除關中唐十八陵外，河南偃師昭宗李曄和陵、山東菏澤哀帝李柷溫陵，以及河北隆堯唐獻祖李熙建初及唐懿祖李天賜啟運二陵、陝西三原唐太祖李虎永康陵、陝西咸陽唐世祖李昞興寧陵 河南偃師孝敬皇帝李弘恭陵、山西文水孝明高皇帝武士彠昊陵、陝西咸陽孝明高皇後楊氏順陵、陝西蒲城讓皇帝李憲惠陵遺存石刻業已悉數入書，從而了卻了唐陵石刻藝術研究者和愛好者的一樁心願。感謝唐代宮廷史及陵寢史研究者、陝西省地方誌辦公室主任鄭茂良先生及西安正合物業欣匯公司曹紅衛先生所給予的熱情鼓勵和支持！

　　在重新整理書稿之前，承蒙劉向陽先生饋贈大作《絲綢之路鼎盛時期的唐代帝陵》及《陝西帝陵檔案》，承蒙李浪濤先生饋贈《昭陵文史寶典》及《昭陵墓誌通釋》，承蒙鄭茂良先生饋贈《陝西帝王陵墓誌》，承蒙曹紅衛先生饋贈《中國帝王辭典》，承蒙田有前先生、郭勇先生饋贈《唐順陵考古報告》，承蒙穆虎先生饋贈《唐陵石刻研究》等書供我參閱，在此深表謝意！

　　在重新整理書稿過程中，承蒙中國唐史學會秘書長、陝西師範大學歷史文化學院博士生導師拜根興教授的熱情鼓勵，承蒙中國科學院大學曹志紅博士為本書翻譯英文目錄，承蒙劉向陽先生又提供了《唐代皇帝世系圖》及《唐乾陵

古建築分佈示意圖》，承蒙鄭茂良先生又親手繪製了《唐陵基本結構圖》《唐陵地表文物現狀示意圖》及《唐陵四門穿越軌跡圖》，感謝諸位兄弟所給予的支持和厚愛！

明誌靜心，倍感史書有味；放歌縱馬，愈覺歲月流金。本書照片的拍攝始於2004年，迄於2019年，時間跨度長達十五年之久，拍攝器材為Panasonic。逐陵走訪，尤走泰陵最多，當在百次以上，對唐陵地表石刻遺存的首次系統整理，填補了我國出版史上的一項空白。

花開花落的風情，覆蓋了心靈追尋的過往；冬去春來的輪回，承載了生命記憶的斑斕。文字清清淺淺，嫣然了靈魂深處的執著；低吟癡癡綿綿，婉轉了時光變遷的流連。

期盼，再遇一次邂逅、再醉一場情深、再舞一池驚艷……

E-mail：mingfang8093@163.com

党明放

二〇一九年八月八日識於問字庵

國家圖書館出版品預行編目資料

唐陵石刻遺存圖集/党明放著. -- 初版. -- 臺北市：蘭臺出版社,
2023.5
面； 公分
ISBN 978-626-95091-4-0(精裝)
1.CST: 石刻 2.CST: 碑文 3.CST: 墓園 4.CST: 唐代
794.2 111002453

唐史研究叢書1

唐陵石刻遺存圖集

作　　者：党明放
主　　編：張加君
編　　輯：陳勁宏
校　　對：盧瑞容
美　　編：陳勁宏
封面設計：陳勁宏
出　　版：蘭臺出版社
地　　址：臺北市中正區重慶南路 1 段 121 號 8 樓之 14
電　　話：(02)2331-1675 或 (02)2331-1691
傳　　真：(02)2382-6225
電子信箱：books5w@gmail.com 或 books5w@yahoo.com.tw
網路書店：http://5w.com.tw/
　　　　　https://www.pcstore.com.tw/yesbooks/
　　　　　https://shopee.tw/books5w
　　　　　博客來網路書店、博客思網路書店
　　　　　三民書局、金石堂書店
經　　銷：聯合發行股份有限公司
電　　話：(02) 2917-8022　傳真：(02) 2915-7212
劃撥戶名：蘭臺出版社　　帳號：18995335
香港代理：香港聯合零售有限公司
電　　話：(852) 2150-2100　　傳真：(852) 2356-0735
出版日期：2023年5月 初版
定　　價：新臺幣3200元整（精裝）
ISBN：978-626-95091-4-0